Mark Tres

Malaysia
Reise in die Vergangenheit

Mark Tres

Malaysia

Reise in die Vergangenheit

Rediroma-Verlag

Bibliografische Information der Deutschen Nationalbibliothek:
Die Deutsche Nationalbibliothek verzeichnet diese Publikation in der Deutschen Nationalbibliografie; detaillierte bibliografische Daten sind im Internet über http://portal.dnb.de abrufbar.

ISBN 978-3-98527-854-1

www.rediroma-verlag.de
10,95 Euro (D)

Inhalt

Vorwort

Wochen, ja, Monate verbrachten wir mit dem Studium diverser Reisebücher und durchblätterten, wer kennt das nicht, unzählbare Reisekataloge verschiedenster Veranstalter. Bald wähnten wir uns im Herzen Afrikas, bald in den peruanischen Anden. So wie schon die Jahre zuvor hatte sich der Wunsch nach einem etwas abseits der Touristenströme liegenden Urlaubsziel im Kopf festgesetzt, ohne zugleich einen Hinweis mitzubringen, in welche Richtung, in welche Landschaft oder in welchen Staat denn die Reise gehen sollte.

Schlussendlich, unzählige verworfene Reiseziele später, kristallisierte sich Malaysia als interessantes Urlaubsgebiet heraus. Gute Infrastruktur, wenig Tourismus, viel natürliche Ursprünglichkeit und so fern im Osten, dass es das Erlebnis einer uns völlig fremden Kultur zu bieten hat. Nachdem das Reiseziel endgültig besiegelt war, galt es, die verschiedenen Möglichkeiten der Reiseart gegeneinander abzuwägen. Vor allem galt es, die Sicherheit der Pauschalfahrt gegen die Freiheit der Individualreise in Wertung zu stellen. Die Unternehmungslust obsiegte; individuell sollte es werden, mit einem Mietauto, Hotels wollten wir vor Ort ausfindig machen, um günstigste Preisleistungsverhältnisse auszunützen. Und eines vorweg, diese Vorgangsweise hat sich mehrfach bezahlt gemacht. Die Ungebundenheit an ein vorgegebenes Programm machte eine Verlängerung des Aufenthaltes vor Ort ebenso möglich wie den raschen Wechsel in ein anderes, günstigeres Hotel oder die Flucht vor einer Regenfront. Im Verlauf der Reise wurden wir immer wagemutiger, sodass wir sogar die reservierten Flüge umbuchten, den Wagen früher als geplant zurückgaben und entsprechend lange an den schönsten Plätzen des Landes verweilen konnten.

Rund ein Monat sollte ausreichend Zeit sein, um von Land und Leuten einen ersten Eindruck zu gewinnen. So buchten wir Salzburg-Frankfurt-Kuala Lumpur und als Rückflug Singapur-Frankfurt-Salzburg sowie zwei Inlandsflüge mit der nationalen Malasysian Airways zur der Ostküste vorgelagerten Insel Tioman. Laut unserem Reiseführer eine der zehn schönsten Inseln der Welt. Um für den Aufenthalt auf dieser Paradiesinsel um jeden Preis eine Unterkunft zu bekommen, buchten wir diese auch bereits im Voraus, ein Fehler, den wir später bereuen sollten. Vier Tage als Abschluss vor dem Flug in den Trouble Singapurs schienen uns keinesfalls zu lange, da wollten wir uns Badefreuden gönnen.

Bei einer renommierten Autoverleihfirma reservierten wir einen Leihwagen der Mittelklasse. Auch hier wollten wir nicht das Risiko eingehen, vor Ort vor ausgebuchten Leihwagenfirmen zu stehen oder bereits am Tag unserer Ankunft um Preise und Konditionen feilschen zu müssen.

Die Zimmerreservierung in Kuala Lumpur nahmen wir via Fax vor. Als Adresse diente uns die Angabe in einem Reiseführer, der von einer zentralen Stadtnähe sprach, ein gewisses Maß an Sauberkeit anpries, aber natürlich mit keinem Wort die Kakerlaken erwähnte.

Zu unserer Reisevorbereitung gehörte auch der Kauf einer überdimensionalen Landkarte. Anhand dieser Karte steckten wir die Reiseroute ab, markierten besondere Sehenswürdigkeiten und verfassten einen kleinen Handzettel, auf dem wir alle jeweils vor Ort interessanten Einrichtungen, Bauten, Denkmäler, Museen etc. vermerkten. Diese Vorgehensweise sollte sich später als besonders sinnvoll herausstellen. Die Mitnahme dieses Handzettels und einer kleinen Edition der Straßenkarte entband uns davon, stets mehrere Reiseführer auf den Stadtwanderungen mitzuführen, um nur ja keine Sehenswürdigkeiten zu vergessen.

Gepackt wurde für alle Eventualitäten, aber bezogen auf das Gewicht des Reisegepäcks doch sehr sparsam. Viel Platz verschlang die Schnorchelausrüstung samt Flossen, die Berg- und Trekkingschuhe sowie die mitgeführten Hygieneartikel, zu denen auch Desinfektionsspray, Anti-Mücken- und sonstige Kreuch- und Fleuchtierespray und die übliche Medikamentenausstattung zählte. Mit Badesachen, Wanderkleidung, Regenschutz usw. häufte sich doch eine ordentliche Menge Gepäck an, die sich aber in einem kombinierten Koffer-Rucksack mit abnehmbarem kleinen Wanderrucksack ideal verstauen ließ.

Mit nahendem Abreisetag hatte sich das Reiseziel längst bei der Verwandtschaft, ja sogar im Büro und im ferneren Bekanntenkreis herumgesprochen und es scheint unglaubwürdig, doch genießen derartige Fahrten ohne Pauschalarrangements immer noch den Ruf des Abenteuers. Und es wäre wohl kein Abenteuer und der Individualreisende kein Abenteurer, würde man ihm nicht eine Menge guter Ratschläge mit auf den Weg geben. So soll man denn auf dies achten und auf jenes, das eine besser nicht tun und wenn schon, dann nur auf eine bestimmte Art und Weise, vorzugsweise so, wie sie der Ratgebende selbst aus Erzählungen oder Filmen im Fernsehen kannte. Es ist eine aufgeschlossene Welt, in der wir leben, alles längst bekannt und besehen, gehört in Filmen und Berichten, eine Welt, in der tausende Kilometer auf wenige Sekunden der Übertragungsdauer zusammengeschrumpft sind, und doch scheint in dieser Welt eine Individualreise vielerorts noch einem Wagnis gleich. Ein Wagnis, sich in eine fremde Kultur zu begeben, und ein Wagnis, weil Vergleichbares, selbst Erlebtes fehlt und ob dieses Fehlens die Fantasie den Realismus verdrängt. Wilde Fremde tauchen aus den fantastischen Abgründen ebenso auf wie fleischfressende Tiere aus den dunklen immergrünen Wäldern des Dschungels und heimtückische Insektenarten mit ausgeklügelten, aber langwierigen und unheilbaren Tötungsmechanismen.

Reiseplanung

Wir waren zu zweit. Voran ich mit meiner kleinen dunkelblauen Gepäckmischung aus Rucksack und Koffer, dahinter meine Freundin. So stolzierten wir, bereit, obig erwähntes Abenteuer anzutreten, durch den elterlichen Vorgarten, um für die Fahrt zum Flughafen einzuladen. Der Koffer meiner Freundin wies dabei schon eher die Konturen eines ausgewachsenen Gepäckstücks auf. Er zeugte von häufigen und langen Reisen und hatte bäuchliche Erhebungen und schramme Dellen.

Leichter Nieselregen hatte eingesetzt; ein Geschenk des Himmels über Salzburg, ein Geschenk, das wir auch als Willkommensgruß bei unserer Rückkehr in einem Monat erwarten durften. So versüßte uns die Landeshauptstadt den Abschied, wähnten wir uns doch schon in weniger als 17 Stunden in wesentlich wärmeren und zu dieser Jahreszeit wohl auch regenärmeren Gefilden. Es folgte eine unspektakuläre Fahrt zum Flughafen Salzburg, keine Staus verhinderten das rechtzeitige Eintreffen, ein kurzer Abschied und dann, mit dem Betreten der Abfertigungshalle des Airports, begann unwiderruflich das Abenteuer. Die Tickets in der Hand, die Reisemittel fühlbar in der Jeans verstaut, gesichert durch Kreditkarte, Versicherungen für und gegen dieses und jenes warteten wir auf den Aufruf für die Zubringermaschine nach Frankfurt. Die Stewardessen empfingen uns in unschönen, grellgrün-gelben Dirndln, wiesen uns in den dröhnenden Bauch der kleinen Propellermaschine und entschädigten uns mit auffallend gutem Essen. Der kurze Zwischenaufenthalt in Frankfurt wurde natürlich genutzt.

Eine S-Bahn schafft in wenigen Minuten eine Verbindung in die Innenstadt. Während sich unser Gepäck gewälzt, gefördert, gefahren und gestoßen von einem Flugzeugrumpf in den nächsten quälte, weilten wir in Frankfurts Innenstadt. Besichtigten den Kern der Altstadt, genossen das sanfte Licht der untergehenden Sonne und malten uns in Gedanken aus, welch wunderbare Erlebnisse die kommenden Wochen bringen würden.

Im Wartesaal hatte sich jene interessante Mischung an Menschenrassen eingefunden, die uns fortan noch oft begegnen sollte. Chinesen, Malayen, Inder, Afrikaner und natürlich auch Europäer harrten des Abfluges, strömten in die wartende Maschine und belegten ihre gebuchten Plätze.

Der Flug Frankfurt-Kuala Lumpur startete pünktlich. Halbleer hob sich das Flugzeug vom Asphalt ab, reckte energisch seine Nase in den Himmel, um unter Getöse, Stöhnen und Ächzen elegant in die aus Osten strömende Dunkelheit einzutauchen. In wenigen Augenblicken schrumpften die Zurückgebliebenen und deren Häuser auf Zigarettenschachtelgröße, um sodann durch Wolken und Dunkelheit ganz aus dem Blickfeld zu geraten. Am Zenith verklomm das Ächzen und Stöhnen ebenso wie die Anschnall- und Nichtraucherzeichen. Auf den Mittelbänken spielten Vielreiser ihre Routine aus. Sie ergatterten vorzugsweise leere Reihen mit vier Sitzen, um sich dort, lange ausgestreckt, mit Decken und Polstern, ein Behelfsbett einzurichten. Auf Langstrecken ist das Usus und es gilt, „wer zuerst kommt, der liegt gut“ für den Rest der Reise. Gute zehn Stunden bis Bangkok sind eine lange Zeit, nur um so dazusitzen, gelegentliche Menüs in sich hineinzuschlingen und zwei oder drei Filme auf der Leinwand im Mittelgang zu betrachten. Eine sehr lange Zeit.

Auch die Ewigkeit findet gelegentlich ein Ende. Längst war auf der Welthalbkugel unter uns die Sonne wieder aufgegangen, längst hatten wir hohe Berge und Wüsten überquert. Wir befanden uns im Landeanflug auf Bangkok. Viel ließ sich nicht erkennen, Reisfelder vielleicht, hohe Häuser, schon in bedauernswertem Zustand, offene Räume, Hütten, Verschlage, Asphaltbänder mit unzählbaren Fahrzeugen darauf und ein breites Band, Beton, ganz leer und nur für uns, die Landebahn. Ein moderner, sauberer Flughafen empfing uns, klimatisiert und mit Videospielen in den Warteräumen. Unser Anschlussflug ließ uns keine Zeit und der Flughafen offenbar gar keine Möglichkeit, den Transitbereich kurzfristig zu verlassen. Gewechselt wurde nur unsere Flugzeugcrew, das Fluggerät blieb das gleiche, es wurde kurzfristig gesaugt und entleert, dann hoben wir uns schon wieder in die Lüfte, glitten vorbei an halb fertigen, hochragenden Häusern Richtung Süden, wo uns in wenigen Stunden Kuala Lumpur erwartete.

Erster Tag

Wie ein grün-brauner Schweizer Käse lag Malaysia unter uns. Grün der Urwald, braun große, kreisrunde Löcher, die besonders rund um die Hauptstadt Kuala Lumpur hässliche Narben in den Boden karsten. Löcher für den Zinnabbau, dem weite Flächen des malayischen Urwalds zum Opfer fielen; dazwischen dichter Urwald, Straßen, Felder mit niederem Bewuchs und Palmenhaine, unüberschaubare Haine, wuchsen auf uns zu, während das Flugzeug im Sinkflug dem Flughafen entgegenglitt.

Kein Satelittenarm des Flughafengebäudes empfängt einen hier, hier heißt es aussteigen und zum Bus hinübergehen und es heißt schwitzen. Mit einem Mal, mit dem Öffnen der Bordtüre des Flugzeuges, quoll dicke, feuchte, unerträglich warme Luft mit schwerem, süßem Duft in das Innere der Maschine, kroch zwischen die Schichten der Kleidung und soff den Stoff unmerklich und zugleich unerbittlich an. Auf ein Mal wussten wir gewiss, dass wir weit gekommen waren, denn mit dem Schritt aus dem Inneren des Flugzeugs auf die herbeigerollte Treppe vernimmt man mit allen Sinnen einen neuen, bislang unbekannten Eindruck. Die Wänne ist intensiver, der süße, schwere Duft fremd, dazu haucht eine warme Brise keine frische Luft, sondern Mengen feuchter Luftschwaden nach. Es fehlt die Zeit zu empfinden, denn man kann hier nicht verharren, sondern muss in den Zubringerbus wechseln, so viele andere wollen auch noch diese Luft verspüren. Einige, weil es ihre Heimat ist, sie in dieser Luft aufgewachsen sind und sich unzählige Erinnerungen daran knüpfen, und einige, weil auch sie diese Art von Luft noch nie oder zumindest seit ihrer letzten Reise nicht genossen haben.

Der moderne Bus rollte sanft davon, entfernte sich von dem Flieger, den man jetzt ob seiner treuen Dienste schon irgendwie als Vertrauten angesehen hatte.

Die Empfangshalle war kühl. Angenehm temperiert von Hochleistungsgeneratoren, die im gesamten Flughafenareal für erfrischende Luft sorgten. Jetzt spürte man auch die feuchte Kleidung, die an Rücken und Schenkel klebte. Langsam nahm man wahr, wie anders die Umgebung sich auch optisch präsentierte. Langsam, weil die Sinnesorgane noch immer den ersten Eindruck von der Gangway verarbeiteten und langsam, weil der Wunsch nach ruhigem, tiefem Schlaf sein Recht einforderte.

Die Flure und Wege im Flughafen waren mit zierlichen Blumenkisten geschmückt, Blumen und Planzen, so weit das Auge reichte, verbargen die schlichte, aber moderne Funktionalität des Flughafens, verbreiteten ein Willkommensgefühl, wie es wohl kein europäischer Flughafen mit seiner chromdominierten Atmosphäre vermag. Dazu trällerten aus in den Blumen versteckten Lautsprechern Vögel ein Willkommenslied und kleine künstliche Bäche gluckerten munter vor sich hin.

Wir warteten auf unser Gepäck, das überraschend schnell und auch vollzählig auftauchte. Unmittelbar vor der Ankunftshalle befand sich ein Kiosk. Hier lösten wir einen Taxischein. Nicht dass wir es mit planwirtschaftlicher Organisation zu tun hätten, nein. Es gäbe auch freie Taxis, die ohne Schein zu besteigen wären, allein, der Schein garantiert, so versprach es uns der Reiseführer, einen moderaten Preis. Die anderen Taxis bedurften intensiver Handlerei und wir wussten nur zu genau, dass wir ohne Erfahrung in diesem Land wohl keinen angemessenen Preis ausgehandelt hätten. Ohne Erfahrungen, müde und mit dem dringenden Wunsch nach einem ausführlichen Bad beluden wir das gelbe Taxi, dessen quirliger Fahrer sich unseres Taxischeines bemächtigt hatte. Der Fahrer turnte um uns herum, nahm uns das Gepäck ab, schlichtete es selbst in den gähnenden Schlund eines alten, großen asiatischen Autos und öffnete uns die Türen zum Einsteigen. Nein, English hatte er nie gelernt, unser Fahrer, und wir glauben ihm das, obwohl er viele Wortfetzen durch Aufschnappen verstehen gelernt hatte. Eine Art Taxi-Englisch, kaum verständlich, aber er mühte sich nicht minder, unser English zu verstehen, so, wie wir versuchten, seine Brocken in Sinnzusammenhänge zu stellen. Es war ein netter Fahrer. Er lachte viel, redete auf uns ein und ganz nebenbei jonglierte er das Taxi über neue Straßen, die längst wieder viel zu klein für den aufkommenden Verkehr waren. Drei-, vier-, fünfspurig, oben kreuzten sie, unter uns, und neben uns. Je weiter uns die Fahrt in das Stadtzentrum führte, desto dichter wurde der Verkehr und bald ging es nur mehr im Schritttempo vorwärts. Und das, obwohl der Fahrer eine Umfahrung genommen hatte, zumindest glaubten wir das, aus seinen gebrochenem English herausgehört zu haben. Auf der direkten Route zu unserem Hotel, nach dessen Namen sich der Fahrer mindestens viermal erkundigte, soll angeblich noch weitaus mehr Verkehr gewesen sein.

Von Zeit zu Zeit tönte aus dem Cockpit des Taxis ein helles Klingeln. Von Zeit zu Zeit ist gut. Genau genommen klingelte es unentwegt. Klingeln, das bedeutet, dass die höchste zulässige Gesamtgeschwindigkeit auf diesem Bereich überschritten wurde. Wer jetzt an ein hoch technisiertes System interaktiver Verkehrszeichen denkt, die via Funk ihre Geschwindigkeitsanzeige für den jeweiligen Straßenbereich an den ebenso hoch technisierten Empfänger im Auto senden, der irrt. Weder die Verkehrszeichen sendeten irgendetwas, noch schien das Auto mit den zerfledderten Sitzbänken geeignet, irgendwelche Zeichen aus der vorbeitflitzenden Umgebung aufzunehmen. Es sei denn, es handelte sich um Bodenwellen zur Beruhigung des Verkehrs. Nein. Die Lösung dieses hochtechnischen Rätsels lag in einer einfachen Klingel, die just immer dann klingelte, wenn die Höchstgeschwindigkeit für den Stadtbereich überschritten wurde. Dieser Klingel war es dabei egal, wenn das Taxi längst weit außerhalb der Stadt über Fernstraßen oder gar Autobahnen raste oder sich quer durch die Stadt einer Schnellstraße bediente. In diesen Fällen klingelte die Klingel eben im Akkord. Nomen est omen.

Das Hotel fand an einer der zentralen, aber immerhin nur vierspurigen Einfallstraße in das Zentrum der Stadt. Das Viertel rund um das Hotel machte keinen allzu vertrauenserweckenden Eindruck, zerborstene Fensterscheiben, verblasste Häuserfronten alter zweistöckiger Bauten reihten sich zwischen drei- oder vierstöckige, moderne Bürohäuser. Ein buntes Gemisch. Die Hotellobby präsentierte sich höchst komfortabel. Marmorboden und Marmorwände, Goldborten zur Verzierung und schwere Holzmöbel. Dazu eine moderne Computeranlage samt dem bereits aus dem Reservierungsdialog bekannten Fax, ein moderner Lift, ein kleiner Aufenthaltsraum und zwei nette Menschen hinter der Rezeption, die uns nur mit Mühe verstanden, aber sich ebendiese auch mit uns gaben.

Zu viel der Mühe freilich ließ man daorts nicht walten. Man händigte uns den Schlüssel aus, deutete verheißungsvoll auf den Lift, dann nach oben und schräg nach hinten und wir verstanden, dass dort oben wohl unser Zimmer zu finden sein mussten. Der noble Lift hob uns in den ersten Stock, und spätestens dort verabschiedete sich mit Verlassen des Lifts die

Noblesse dieses Hotels. Das Stockwerk verfügte über keinerlei Fenster. Ein kleiner Innenhof, ein Lichthof, wie wir sagen würden, wurde mit Glasbausteinfenstern erschlossen. Ein alter Teppich rollte sich über den Flur und Schlieren und Wasser-Schimmelschäden zierten den düsteren Gang vom Aufzug zum Zimmer. Teppichböden, das werden wir an späterer Stelle noch erzählen, eignen sich in diesem Lande nur bedingt. Allein hier sei schon verraten, warum fast jedes Hotel auf den Teppich zurückgreift: wegen der Japaner. Neben ihrer Affinität zu Fotodokumentation und Hightech haben sie offensichtlich auch eine Vorliebe für Teppiche. Und Japaner sind bzw. waren schon jeher ein wichtiger Bestandteil Malaysias. Sei es als Touristen oder sei es als einfallende Feinde.

Die Zimmer zeigten sich schlicht, ebenso mit Teppichboden und Fasertapete ausgelegt, wie der Gang. In der Mitte ein Bett und in einer Mauernische ein Kasten. Kein Fenster, nur eine Art Lammellenfenster mit trübem Glas, durch das die Geräusche der umliegenden, ebenso in den Innenhof mündenden Zimmer drang. Trotz der Müdigkeit ließen wir die Koffer vorerst verschlossen, verstauten unser Handgepäck und beschlossen, zu dieser späten Stunde einen ersten Ausflug in die Stadt zu machen, um erste Eindrücke zu sammeln.

Wir traten von der Kühle des Hotels in die Abenddämmerung hinaus. In dichten Kolonnen zogen die Fahrzeuge auf der für uns verkehrten Seite stadtauswärts. Es herrschte Linksverkehr. Wir schickten uns an, einen kleinen Bummel stadteinwärts zu unternehmen, natürlich stets mit besorgtem Blick nach links und rechts, ob der düsteren Gegend und der merkwürdigen Gestalten am Straßenrand. Die Wärme der Luft empfanden wir als angenehm, sie lud zum Schlafen ein, und müde waren wir ja ohnedies. An vielen Stellen entlang der Straße hatten die Chinesen kleine Feuer entzündet, Teil ihrer Religion. Dazwischen türmten sich kleine und große Haufen Müll, besonders vor den zahlreichen Chinesenhotels. Vor den großen auch in diese Straßenflucht gebauten Hotelpalästen der internationalen Gesellschaften herrschte hingegen rigorose Ordnung. Große und schöne Limousinen harrten vor diesen Auffahrten ihrer Lenker und ihrer Gäste. Nach einem kurzen Spaziergang erreichten wir ein Ende des großen Hauptplatzes in Kuala Lumpur. Entlang des Hauptplatzes leuchteten die Alleebäume erhellt von tausenden kleinen Lämpchen. Auf dem Rasen des Platzes selbst stand eine riesige Bildschirmwand, auf der die aktuellen Nationalligaspiele Malaysias übertragen wurden. Unfassbar viele Menschen tummelten sich vor dieser Leinwand und gaben ihrem Beifall oder ihrem Missfallen Ausdruck. Die angrenzenden Straßen an den Hauptplatz waren an jenem Tag, es war ein Freitag, gesperrt worden. Hier fand freitags stets ein großer Markt statt. Dadurch gab es für den Autoverkehr keinen Platz. Gleich einem Volksfest reihte sich in Zweierreihen Verkaufsstand an Verkaufsstand. Essensstände benachbarten Verkäufer von Jeans und Dosenpuder, kopierte CDs und Software fand sich ebenso wie die alte Weissagefrau. Aus den Essensständen drangen und übertünchten neue, fremdartige Gerüche die süße Luft. Frittiertes dies und das wurde angeboten und natürlich konnten und wollten auch wir uns die Chance auf unser erstes lokales Essen nicht entgehen lassen. Wir entschlossen uns zum Test eines Spießes frittierter Hühnerbällchen. Zumindest glauben wir, dass es Huhn war, was uns da angeboten worden war. Wenigstens schmeckte es vortrefflich, vielleicht eine Spur zu scharf.

Erschöpft kehrten wir in unser Hotel zurück. Nach der Enge auf dem Straßenmarkt umgarnte uns hier angenehme Kühle. Aber die Drängelei auf dem Straßenmarkt sollte nicht die letzte des Abends werden. In unserem Zimmer, genau genommen auf dem Fußboden, an den Wänden und an der Decke drängelte auch etwas: Kakerlaken. Angesichts dieser zwar ungefährlichen, aber zugegeben nicht gerade angenehmen Invasion stellte sich die Frage: Was tun?

Der gelernte Europäer ergreift das Insektenspray und versucht via dieser giftigen Reaktion wieder Herr der Lage zu werden. Pech in derlei Situationen ist, wenn sich die Kakerlaken selbst von größten Dosierungen des eigentlich giftigen Sprays nicht im Geringsten beeindrucken lassen. So widerfuhr es uns. Völlig unbeeindruckt sprangen und liefen die Kakerlaken durch die Giftpfützen unserer Spraydose, ja sie schienen Freude an dem Spiel mit dem feuchten Element zu gewinnen. Sie labten sich an der Flüssigkeit, tänzelten unbesorgt darüber hinweg und man hatte das Gefühl ein ganz leises Lachen zu vernehmen. Dieses verstummte freilich, als der gelernte, aber auch praktisch veranlagte Europäer den Bergschuh auf das Getümmel niedersausen ließ und Tod und Mord verbreitete. Gefahr erkannt, Gefahr gebannt, lautet doch ein weitverbreiteter Spruch. Allein, dieses Sprichwort dürfte sich noch nicht in das Kakerlakenreich durchgesprochen haben. Der Bergschuh erwies sich als äußerst nutzvolles „Insektenspray“ und ich glaube, dass man bislang auch von keinem Gewöhnungseffekt und von keiner Resistenz sprechen kann. Der Nachteil dieser etwas unsanften Methode liegt darin, dass selbst ein teurer Bergschuh in seinem Fall nur so gut ist wie der ausführende Schläger und dass gerade während der Nachtstunden der bevorzugten Wander- und Ausflugszeit der Kakerlaken sich eine gewisse Müdigkeit nicht verhehlen lässt. Auch ich hatte nicht die geringste Lust, den Rest des angebrochenen Abends in trauter Zweisamkeit mit dem Bergschuh zu verbringen, stets bedacht darauf, ob sich nicht doch wieder eines jener unvorsichtigen Tiere zeigen würde. So rückten wir das Bett möglichst in die Mitte des Raumes, sorgten dafür, dass nichts außer den Bettfüßen den Boden berührte, und hofften, dass die Zimmerdecke über uns weitgehend rutschfest und für die Kakerlaken ohne weitere Tücken war. Die Vorstellung, eines dieser possierlichen, vorwiegend an grauslichen Orten lebenden Tiere könnte von dort oben zufällig oder in böser Absicht auf uns herabstürzen, bescherte uns eine weitgehend unruhige Nacht.

Pünktlich um 2.00 Uhr in der Nacht rief uns unsere innere Uhr aus dem ohnedies nur leichten Schlaf. Niemand hatte unserer inneren Uhr mitgeteilt, dass wir den Kontinent, wo um diese Zeit die Sonne ihren Weg über den Horizont beginnt, schon vor Stunden hinter uns gelassen hatten. Auch in den Folgenächten wollte sich die innere Uhr noch nicht so recht mit der neuen Zeiteinteilung abfinden. Jeweils ein Blick durch die Lichtlamellen in den tiefdunklen Innenhof konnte die innere Uhr besänftigen. Ein Bild sagt mehr als tausend Worte, schien sich diese innere Uhr gedacht zu haben. Ein schwarzes, dunkles Bild stand dabei für „Ok, ich glaube, es ist noch nicht so weit, lasst uns weiterschlafen“.

Im Laufe der nächsten Tage sollte das krampfhafte Weiterschlafen aber immer besser funktionieren; langsam schien sich die innere Uhr anzupassen.

Zweiter Tag

Gerädert und mit unscharfem Blick verließen wir am nächsten Morgen gegen acht Uhr das Hotel, um uns Kuala Lumpur auch bei Tageslicht anzusehen. Vorbei an den gleichen Müllhaufen der vergangenen Nacht gelangten wir wieder an das äußere Ende des Marktplatzes.

Die Abwässer der Stadt werden in nach oben offene Kanäle geführt. Die Vorstellung, wie sich der Duft aus diesen Kanälen gemeinsam mit den rauchigen Abgasen der Mopeds, Motorräder und Autos mit der süßen und schweren Luft vermischt, kann getrost erspart werden. Auf dem Weg zum Hauptplatz fanden sich weitaus mehr riesige Hotelbauten und Einkaufskomplexe, als wir dies am Vorabend vermutet hatten. Das traf sich jetzt günstig. Uns stand der Sinn nach Frühstück. Nun ja, eigentlich stand uns der Sinn nach Mittagessen. Auch unser Magen schien die kontinentale Verschiebung noch nicht wirklich nachvollzogen zu haben. Egal. Hauptsache war, wir konnten unser Hungergefühl mit Essbarem tilgen. Bei unserer Suche nach einem Esslokal traten wir im SOGO ein, ein sehr modernes, riesiges Einkaufszentrum, dessen Angebot ziemlich alles Nützliche und Unnütze umfassen dürfte, das man sich nur vorstellen kann. Neben diesem Angebot gibt es auch eine Vielzahl kleiner Essenslokale, wovon wir uns eines aussuchten, in dem wir ein gutes und vor allem teures Essen zu uns nahmen. Trotzdem sollte das SOGO für unsere restliche Zeit in Kuala Lumpur und auch für unsere Besuche in den Folgejahren ein zentraler Anziehungspunkt werden. Gab es doch hier, und augenscheinlich nur hier, einen frischen Orangensaft in verschließbaren Tetrapacks, der neben der erfrischenden Kühle als Besonderheit Fruchtfleischraspeln enthielt. Kaum ein Getränk, abgesehen vom frischen Lyschee oder Ananassaft, konnte jemals wieder insbesondere meine Begeisterung derart hervorrufen.

Unmittelbar an den Hauptplatz, mit dem weltberühmten, traditionsreichen Selangor Cricketklub, reiht sich die Nationalmoschee und das modernste Gebäude der Welt. Sämtliche Funktionen dieses Hauses, von der Heizung bis zum Öffnen der Fenster, werden von einem Zentralcomputer überwacht und gesteuert. Neben diesem Haus erhebt sich ein kleiner Hügel, der zugleich den Cricketklub ostseitig abschließt. An der Rückseite dieses Hügels befindet sich das National Museum von Kuala Lumpur. Dieses bietet nur wenige Exponate. Dieses Manko sollen viele Fotos ausgleichen und ein sehr geringer Obolus als Eintritt, den man schon aufgrund der angenehmen Klimatisierung dieser Räumlichkeiten gerne leistet. Beim Betrachten der Fotos lässt es sich in erfrischender Kühle vortrefflich von den Stadtwanderungen erholen. Besonders an Wochentagen durchziehen viele Schulklassen die Räumlichkeiten des Museums und lassen sich von den Lehrkräften Einzelheiten zu den Bildern und Exponaten erzählen. Zumindest vermuten wir das, verstanden haben wir sie damals natürlich nicht. Eine Besonderheit des Museums scheint die Möglichkeit zu sein, sämtliche Exponate berühren zu dürfen. Gerade im Raum über die traditionellen Musikinstrumente erfreute diese Möglichkeit viele der Schulkinder und natürlich auch uns. Wer hat schon die Chance, auf originalen, urwalderfahrenen Instrumenten zu lärmen, noch dazu in einem Museum, das begrifflich in Europa großen Wert auf ein „ruhiges“ Erfahren legt. Nicht so in Kuala Lumpur. Hier darf gelärmt werden, ja, hier soll sogar gelärmt werden, um den Dingen der Vergangenheit neues Leben einzuhauchen.

Rund um das Museum haben die klugen Stadtväter Kuala Lumpurs Coca-Cola-Automaten aufgestellt. Das dürfte wohl auf den sprichwörtlichen Wissensdurst der Museumsbesucher abgestimmt sein. Denn viele der Erfrischungsspender weigerten sich aufgrund einer Ressourcenknappheit in ihren Innereien massiv, außer dem Zeichen des Out-of-Order-Lämpchens auch andere Dinge von sich zu geben. Kein Problem. Auf dem Vorplatz des Museums wurden von fahrenden Händlern auch Imbisse angeboten.

Nach einer solchen Erfrischung begannen wir mit dem Besteigen des Stadthügels samt darauf thronendem Planetarium. Von der Kuppe des Stadthügels führte ein kurzer Verbindungsweg leicht bergab zu den Eingängen zum städtischen Vogelpark. Der Weg hinab zu den Eingangstoren des Birdparks war gesäumt von neugierigen Affen. Diese ließen sich von Kindern und Passanten füttern und kreischten, um im nächsten Moment in einem der uneinsehbaren Baumwipfel zu verschwinden. Eine seltsame Erscheinung hier mitten in der Stadt. Aber die Affen wie auch die Baumriesen gehören zu den Ausläufern des Birdparks, der ein Stück Urwald inmitten der Stadt erhalten hat. Zwei neue, im traditionellen Stil erbaute Häuser bilden den Eingang zum Jurong Birdpark. Hohe Eisenzäune und ein riesiges grünes Netz, welches das gesamte Areal des Parks in luftiger Höhe überspannt, garantieren, dass die rund zweihundert unterschiedlichen Vogelarten hier ansässig bleiben. Unter diesem Netz hat man in mühevoller Arbeit eine Art zivilisierten Dschungel angelegt, mit Wegen, Sitzgelegenheiten, künstlichen Bächen und Wasserstellen und kleinen Brücken, die darüberführen. Mit etwas Geduld kann man hier sehr schöne Vogelarten entdecken. Zu viel Geduld kann hingegen zur unliebsamen Bekanntschaft mit der hiesigen Insektenwelt führen. Bei der

Zivilisierung des Dschungels wurde nämlich vergessen, dass sich an Bächen und ruhenden Gewässern mit Vorliebe Stechmücken ansiedeln. Wer also wie auch wir mit ruhiger Hand einen Vogel durch das Fernglas beobachtet, wird unweigerlich Opfer der einzigen uns jemals in Kuala Lumpur begegneten Stechmückenfamilie. Abgesehen vom Vogelpark machten wir in Kuala Lumpur niemals Bekanntschaft mit Stechmücken. Was den Stechmücken vergönnt ist, sollte auch uns vergönnt sein, dachten wir und hörten auf das Hungergefühl aus der Magengrube.

Diesmal wollten wir im Central Market essen gehen. Der Central Market ist im Prinzip ein einziger riesiger, zweistöckiger Markt ohne Klimaanlage. Im Erdgeschoss werden vorwiegend kleine Läden wie Souvenirs, Bekleidung oder einfache Dinge für den Alltag, Schmuck etc. angeboten. In der zweiten Etage setzt sich dieses Angebot auf gut der Hälfte der vorhandenen Fläche fort. Den Rest der Fläche nehmen kleine, schmuddelige Küchen ein. Dort werden im Hinterzimmer die Speisen angerichtet und dann über die Schank dem wartenden Besteller gereicht. Manche Küchenkünstler merken sich auch den Besteller und versichern, das Essen werde sogleich gebracht, man möge sich doch schon einen Platz auf einem der unzähligen Plastiksessel oder Tische im Innenkreis der Schankküchen suchen. Und wahrlich, jene Küchenmeister, die dergleichen versprechen, scheinen darin Übung zu haben. Zielstrebig machen sie ihre Kundschaft aus und servieren mit breitem Grinsen auf schäbigem Tablett die georderten Speisen. Dabei gibt es nicht nur einfache Nudelgerichte, wie man ob der Schlichtheit der Küchen meinen könnte. Garnelen, Shrimps, Tintenfische, für den mitteleuropäischen Esser allesamt besondere, weil nur in Spezialitätenlokalen bestellbare Gerichte werden hier auf rasche und wohlschmeckende Art zubereitet und ausgeliefert. Den Tellern darf man freilich nicht auf den Grund schauen, sonst könnte man auf den einfachen, bunten Plastikteilen möglicherweise noch Teile des Vorgängermenüs entdecken. Aber wer, so wie wir, mit gutem Hunger und frohgemut über den erwischten Sitzplatz ist, den kann derlei nicht abschrecken. Zu Recht, wie wir meinen, denn das Essen wird frisch, quasi vor den Augen, zubereitet, ordentlich heiß serviert und vor allem schmeckt es sehr gut. Dazu ein Becher frisch gepresster Limonensaft aus Zuckerrohrstangen mit kühlendem Eis. Wer sich dazu nicht durchringen kann, versucht die in Lizenz produzierten, bekannten Getränke wie Cola, Sprite etc.

Unmittelbar gegenüber des Central Market befindet sich auch das hiesige McDonald‘s. Hier fanden wir das bekannte Ambiente in einem Haus aus der Kolonialzeit. Rings um den Central Markt finden sich im Übrigen viele Bauten aus der Kolonialzeit, nahtlos eingerahmt von modernsten Einkaufskomplexen, die ein schier unbeschreibliches Sortiment aufbieten. Unser erster Eindruck war, das hier keiner etwas kauft. Insbesondere die Touristen schienen sich, so wie wir, staunend und beobachtend durch die Reihen zu schleichen, ohne aber akutes Kaufinteresse zu zeigen. Wir wollten dem ein Ende machen und mit gutem Beispiel vorangehen. In einem dieser Einkaufstempel langten wir bei jener Sache zu, die uns ob der langen Fußmärsche schon am zweiten Tag dringend nötig schien: Puder. Durch die extrem feuchte Luft und das permanente Schwitzen hatten sich bereits einige offene Stellen gescheuert. Puder sollte da Wunder wirken. Selbst die Asiaten scheinen, obwohl sie an derartige Temperaturen und das Schwitzen gewöhnt sein dürften, einen gewaltigen Puderkonsum haben. In den Regalen fanden sich viele, viele Laufmeter lang Puderdosen, Flaschen und Nachfüllpackungen in den unterschiedlichsten Duftrichtungen und in verschiedensten Körnungen. Feine Körnung, keine Duftrichtung, auch das gab es, und schon konnten wir stolz auf unseren Beitrag zur Ankurbelung der nationalen Wirtschaft und des lokalen Handels verweisen.

Selbstverständlich gewöhnten auch wir uns mit zunehmender Dauer unseres Aufenthaltes an die drückende Hitze, das Schwitzen war nichts Besonderes mehr, aber es verringerte sich nicht merklich. Auf das Puder griffen wir daher immer wieder gerne zurück. Gerade bei den späteren Dschungelwanderungen erwies es sich als besonders nützlich.

Dritter Tag

Ausflugstag. Bislang eilten wir per pedes durch die Stadt und das bewährte sich aufgrund der zentralen Lage unseres Hotels sehr gut. Entgegen kam uns dabei natürlich auch die aufmerksame Bauweise der Kolonialherren, die mit ihren monumentalen Gebäuden die Grundstruktur der Stadt vorgegeben und sinnigerweise fast alle wichtigen Gebäude rund um den Hauptplatz errichtet hatten. Den heutigen Tag hatten wir zum Ausflugstag erkoren, wobei das Wort über unsere Absichten durchaus täuschen könnte. Wir dachten eher an eine Busreise, denn geflogen waren wir vorerst genug.

Unmittelbar vor unserem Hotel befand sich eine Bushaltestelle. Auch hier hätte man wieder meinen können, die Haltestelle befand sich wirklich genau vor dem Hotel, doch dies hätte nicht ganz der Wahrheit entsprochen. Sie befand sich genau genommen auf der gegenüberliegenden Straßenseite und das Unterfangen, dieselbe bei morgendlichem Stoßverkehr zu überqueren, gestaltete sich gar nicht so einfach. Frisch gewagt ist halb gewonnen, schon hatten wir auf der gegenüberliegenden Seite Fuß gefasst, da stellte sich uns das nächste Problem in den Weg. Wir wussten, wir wollten zu den bekannten Batu Caves fahren. Allein, wir wussten nicht, welcher der Busse uns dorthin bringen würde. Das landläufig bekannte System der Busbeschriftung mit Ortsangaben und dergleichen scheint in Kuala Lumpur nicht üblich zu sein. Doch alle Busse tragen stolz eine Nummer an ihrer Stirnseite und diese steht, wie wir unserem Reiseführer ablesen konnten, für eine bestimmte Route. In Kombination mit der Busfarbe, in unserem Fall gelb für umliegende Gebiete, ergab sich der gelbe Bus Nr. 5 als gesuchtes Transportmittel. Sogar einen Sitzplatz konnten wir erhaschen und dass wir im richtigen Bus saßen, erahnten wir aufgrund der Tatsache, dass sich noch zwei weitere Touristen in dem Fahrzeug befanden. Die Fahrt, die man angesichts des klapprigen Gefährts und der Überladung mit Fahrgästen getrost als spannend bezeichnen konnte, dauerte rund eine halbe Stunde. Wir verließen die engere Stadt, kurvten durch Wohnbezirke und verließen schließlich das Stadtgebiet ganz, um in einem großen Halbkreis entlang der Stadtgrenze in Richtung Batu Caves unterwegs zu sein. Die Batu Caves sind riesige Kalksteinhöhlen in einem Kalksteinhügel nördlich der Stadt. Alljährlich pilgern hunderttausende Hindu hierher, um getragen von religiösen Riten in Trance mit Häkchen und Spießen in der Haut ihre Ehrerbietung darzubringen. Schon von der Bushaltestelle aus konnte man die breite, hoch hinaufführende Treppe zu den Batu Caves sehen. Rings um den Zuwege hatten sich kleine Geschäfte angesiedelt, um vom Zustrom der Einheimischen und der Touristen ihr Brot zu verdienen. Hier gab es auch die als Landesspezialität bekannten und in Form einer Suppe zubereiteten Vogelnester.

Nur wenig Leute hatten sich an jenem Tag in diese Gegend verirrt. Die angebotenen Sitzmöglichkeiten der lmbissbuden standen großteils leer. Die wenigen Touristen hier kamen vorwiegend aus dem asiatischen Raum, Weiße fanden sich weniger, als man an beiden Händen abzählen konnte. Getränke wurden hier in kleinen Tiefkühlsäckchen verkauft, dazu ein meist blauer Strohhalm. Das spart den Becher oder die Dose, ist der Umwelt aber aufgrund der sonst hier verkauften Mengen an Säckchen sicherlich nicht zuträglich. Wir traten an den Treppenansatz. Die breite Treppe stieg steil und unendlich an der Felswand bis zum eigentlichen Eingang der Batu Caves empor. Die Hitze hier am Stadtrand war gemäßigter als in der Stadt selbst, doch in Kombination mit dem langen Treppensteigen trieb sie den Schweiß unaufhaltsam aus den Poren. An den Treppenrändern, ebenfalls reich verziert mit bunten Fabelwesen, saßen kleine Affen. Diese Tierchen hatte sich eine Tugend daraus gemacht, den sichtlich erschöpften Passanten Bananen ebenso abzujagen wie Fotoapparate oder die begehrten Trinkbeutel. Während die Affen mit Bananen oder Fotoapparat auf nimmerwiedersehen im Wald verschwanden, zumeist begleitet vom erstaunten Rufen der Touristen, schienen sie nur zu genau zu wissen, dass jegliches Fortbewegen mit den filigranen Trinkbeuteln zum raschen Verlust des erfrischenden Inhaltes führt. Erraubten sich die Affen daher einen Trinkbeutel, hielten sie prompt an Ort und Stelle inne, um mit ihren geschickten Fingern, möglichst ohne den Inhalt zu verschütten, an das gute Nass zu gelangen.

Nach mehrmaligem Rasten auf dem Aufweg der Treppe erreichten wir das obere Podest, das als Eingangsplattform zu den Höhlen dient. Auch dieser Eingangsbereich, von sich aus schon gewaltig durch die hohe aufragende Felswand, in die sich gleich einem Schlund die Höhle erstreckt, war von unzählbaren bunten Figuren bevölkert. Der Boden hätte sich, teils durch die herabtropfende Nässe der überragenden Felswand, teils durch den Vogelkot, wohl auch zum Schlittschuhlaufen geeignet und fast hätte er mir ein unsanftes Ende dieses Ausfluges beschert. Der glitschige Bodenbelag führte über zwei, drei Stufen hinunter in die Höhle, deren Fußboden mit glattem Beton ausgegossen wurde. Spielend hätte man hier mehrere Flugzeuge unterstellen können. Das Licht reichte kaum, um das obere Höhlendach auszumachen, die dunklen Seitenwände zogen sich scheinbar bis in die Unendlichkeit nach oben und nach hinten in den Berg hinein, wo am hinteren Ende der Höhle ein hoher, natürlicher Schlot für

Lichtzufuhr in den Höhlenbereich sorgte. Dort, am Fuße dieses Schlotes, hatte man ein Opfer von uns gefordert. Nur mit Mühe und akrobatischen Einlagen konnte ich dem herannahenden Sturz Paroli bieten. Weniger Glück, vermutlich weil sie weniger akrobatische Einlagen einstudiert hatte, hatte jene fremde Frau, die unmittelbar neben uns ausrutschte und die Treppe hinabfiel. Ich glaube, sie blieb dabei aber unverletzt. Jedenfalls hörten wir nach dem Schreckensruf, der mit dem Sturz einherging, keinerlei Wehgeschrei mehr. Um der Vorstellung von beflissenen Touristen gerecht zu werden, hatten wir selbstverständlich auch unsere Fotoapparate mitgebracht. Wir mussten nur sogleich zur Kenntnis nehmen, dass der kleine, in den Apparaten eingebaute Blitz nicht ausreichte, um die Höhle in der Dimension eines Flugzeughangars optimal auszuleuchten. Einen Versuch war es aber trotzdem wert.

Genug der Beinahe-Stürze, genug der Angst, jeden Moment aus dem dunklen Höhlendach von Vogelkot getroffen zu werden oder, noch schlimmer, von einem losen Stein aus den Felswänden. Dieser kleine Tempel im Herzen der Batu Caves ist das Zentrum der Heerscharen von Pilgern. Die Höhle selbst bietet einen gigantomanischen Eindruck.

Außerhalb der Höhlen lockten wie erwähnt Imbissbuden an deren Fuße. Wir hatten von den Problemen anderer Touristen vernommen, die sich bei Aufenthalten in diesem Land den Magen nachdrücklich verstimmt hatten. Wir wollten derlei Risiko nicht eingehen. War bislang alles zum Besten gestanden, so sollte es so auch weitergehen. So orderten wir Cola, aber, weil es ja so warm war und Kühlschränke bislang noch keinen Einzug in das Land fanden, mit Eiswürfeln. Und um gleich alles zusammenzufassen, wir tranken und aßen fortan während unseres ganzen Aufenthaltes stets alles Angebotene und kümmerten uns rein gar nicht um die Mahnungen, was denn zu meiden sei. (Aus persönlicher Erfahrung und der Vollständigkeit halber möchte ich aber vor dem Genuss von Austern warnen. Diese können, insbesondere in Form eines Omelettes sehr wohl Verstimmungen in der Magengegend mit sich bringen, was zum einen nicht angenehm ist, und zum anderen ungemein hinderlich beim Shoppen in den Großkaufhäusern in Singapur.)

Nach der kurzen Rast gingen wir zurück zur Bushaltestelle. Zur Bushaltestelle? Interessanterweise gab es weit und breit nicht das geringste Anzeichen einer Busstation. Einsam saß eine Frau am Straßenrand und band Kränze und allerlei Figuren aus Blumen. Aber aus dieser Frau war keinerlei Information über Busse, deren bevorzugten Halteplatz oder dergleichen zu bekommen. Diesmal galt es, einen grünen Bus mit der richtigen Nummer aufzuhalten. Mehrere verdächtige Fahrzeuge passierten uns, darunter auch Busse in den unterschiedlichsten Farben, nur die grünen Busse schienen an diesem Tag irgendwo fern von uns eine kleine Versammlung abzuhalten. Als schließlich wider Erwarten doch noch ein grüner Bus die Straße entlanggefahren kam, winkten wir dem Bus und der Busfahrer winkte zurück ... Natürlich winkte er nicht zurück. Der Busfahrer verstand. Er hielt an und nahm uns auf. In einer langen, erholsamen Fahrt, gekühlt durch den Fahrtwind gondelten wir durch diverse Vororte Kuala Lumpurs. Unser nächstes Ziel war der Zoo. Dort wollten wir jene heimischen Tiere vorab begutachten, mit denen wir auf unseren späteren Dschungelwanderungen theoretisch rechnen konnten. Elefanten, Nashörner, Tapire, Geparden, Tiger und Affen. Die Straße führte durch weniger schöne Vororte, ebenso wie durch einige Villenorte. Die Häuser in diesen Orten waren ausnahmslos von hohen Stahlzäunen umgeben, Fenster und Türen mit schweren Eisengittern verkleidet. Irgendwie beunruhigte uns dieser Umstand. Denn wozu sollten die Einheimischen ihre Fenster und Türen derart vergittern, wenn es keinen Anlass gab?

Der Urwald drängte scharf an den Wegesrand, schien sich hinter den Ortschaften und Vororten aufzubäumen und anzuschicken, das verlorene Terrain wieder zurückzuerobern. Diesem Urwald hatte man auch das Terrain für den Zoo abgetrotzt. Ein halbkreisförmiges, den Eingang umspannendes Schild wies auf den Zoo hin, der sich nur wenige Schritte hinter der Straße erstreckte. Schulbusse säumten den Parkplatz. Wieder überraschte uns ein sehr günstiger Eintrittspreis, aber auch die Tatsache, dass für Kameras ein Extraeintritt zu berappen war.

Die Schulkinder, die sich zuhauf rund um den Eingang drängten, waren adrett uniformiert, mit hellblauen Gewändern und die Mädchen zusätzlich mit weißen Kopftüchern. Wir parlierten an Käfig um Käfig vorbei. Uns präsentierte sich eine schöne, weitläufige Anlage, deren Gestaltung auf die Bedürfnisse der Tiere größte Rücksicht zu nehmen schien. Und auch was unsere Erwartungen in Bezug auf die Tiere betraf, wurden wir nicht enttäuscht.

Während wir vor einem der Käfige standen, beschlich uns ein schrecklicher Verdacht. Schon seit geraumer Zeit trollte sich mehr oder weniger unauffällig eine Gruppe kichernder Mädchen hinter uns her. Während wir uns noch darüber unterhielten, was wohl mehr das Interesse der Schulkinder weckte, die Tiere hinter den Käfigen oder wir Fremde, und dass das letzte, was uns noch fehlte, war, dass man uns fotografierte, da war es schon um uns geschehen. Eines der Mädchen wurde von den anderen auf uns zugeschoben und musste uns im Auftrag der restlichen fragen, ob sie uns wohl fotografieren durften. Was sollten wir sagen? Eintritt konnten wir keinen verlangen, auch wenn wir uns ein bisschen wie Ausstellungsstücke fühlten, also willigten wir ein. Dieser Einwilligung folgte eine etwas länger dauernde Prozedur. Die Mädchen gruppierten sich rund um uns, jeweils eines wurde dazu verurteilt, ein Foto zu machen. Damit aber auch ja alle Mädchen auf dem Foto vorkamen, wurde dieses ausgeschlossene und mit der Fotoarbeit betraute Mädchen reihum abgewechselt. Zum Schluss zog die Gruppe, nicht ohne sich Hoher ordentlich in Schulenglisch zu bedanken, kichernd ab und widmete sich wieder den eigentlichen Exponaten.

Vierter Tag

Gut ist, wenn das Hotel im Stadtzentrum liegt. Besser ist, wenn die Autovermietung auch im Stadtzentrum liegt. Schlecht hingegen ist, wenn sich das Stadtzentrum mit den Büros unübersehbar weit ausdehnt. Dann ist wiederum ein Taxi gut, das einen zur Autovermietung bringen kann. Unsere Reservierung aus dem fernen Europa hatte bestens geklappt. Ein Mietwagen war reserviert, die Formalitäten rasch erledigt und beinahe hätte es schon losgehen können mit dem fremden Auto in der fremden Stadt, ja beinahe, hätte da nicht ein Fußpedal gefehlt. Nun ja, es hat nicht wirklich gefehlt, weil es aufgrund eines Defektes vielleicht abgebrochen oder im Laufe der Zeit verloren gegangen wäre. Nein. Der Wagen war in tadellosem Zustand, quasi ein Neuwagen inländischer Produktion, ein Proton Saga. Störend fiel vielmehr der Umstand auf, dass es sich um einen Automatik-Wagen handelte. Das hätte jetzt einen großraumlimousinenverwöhnten Europäer kaum zu stören vermocht, doch war ich wohl ein Europäer, aber leider nicht limousinenverwöhnt. Die Automatikschaltung mir daher nur vom Hörensagen bekannt. Die nette Dame der Autovermietung ließ sich von unseren Bedenken nicht entmutigen, erklärte in wenigen Handgriffen die Funktionsweise der Automatik und schickte uns los. Zurecht, wie ich später feststellte. Die Automatikschaltung erwies sich als praktisch, einen Fuß konnte man von der Steuerung des Wagens so getrost zurückziehen, ihm andere Aufgaben zuordnen. Dies hätte ich auch sicherlich gemacht, wäre mir nur etwas Sinnvolles eingefallen, was ein einsamer, verlorener Fuß während einer Autofahrt quasi nebenbei erledigen konnte. Mir fiel nichts ein. Nach den ersten zweihundert Metern war mein Fuß auch schon vergessen, die

Automatik machte ebenso keine Probleme mehr und ich schickte mich an, von der passiven Fahrweise zur aktiven überzuwechseln. Der Linksverkehr erschien mir dabei völlig unproblematisch, da erstens alle in der verkehrten Richtung unterwegs waren und zweitens das Auto entsprechend dieser Regelung sozusagen spiegelverkehrt gebaut war. Natürlich suchte ich anfangs mit der Rechten die Gangschaltung, aber die musste ich aufgrund der Automatik ja ohnedies nicht finden.

Der Stadtverkehr lief für einen im österreichischen Straßenverkehr gelangweilten Fahrer geradezu paradiesisch ab. Kein Blinken, sondern Schneiden, rasche Spurwechsel, hier durfte man endlich all das, was in unseren Breiten als verwerflich und nicht zuletzt als strafbar angesehen wird. Nicht dass jetzt jemand denkt, ich hätte über die Stränge geschlagen, es ist vielmehr tatsächlich so, dass der Straßenverkehr in Malaysia anderen Regeln folgt, und diese anderen Regeln habe ich selbstverständlich eingehalten. Da gab es Blinkzeichen mit dem Blinker, natürlich, aber eben nicht für das überholende Fahrzeug, sondern um den nachfolgenden Fahrzeugen anzuzeigen, dass überholt werden kann. Der höchste Grundsatz im malayischen Straßenverkehr scheint zu sein, alles am Fließen zu halten, niemanden zu behindern und dass der größere Straßenverkehrsteilnehmer immer recht hat. Wir behinderten niemanden, rasten gleichermaßen durch die Straßen und Gassen, auf der Suche nach dem Weg zu unserem Hotel zurück, um dort unser Gepäck aus den Kakerlaken zu retten und um auszuchecken.

Wohl mit der einen oder anderen Kakerlake im Koffer ging es stadtauswärts, unserem ersten Dschungelziel entgegen, dem Templer Park. Unmittelbar nach der Stadtgrenze lichtete sich der Verkehr merklich. Das städtische Stinken der

Kanäle ließen wir ebenso zurück wie die dampfige Luft. Grün erstreckte sich nunmehr links und rechts der Straße, ein leichter, kühler Wind aus der Klimaanlage des Proton Saga ersetzte die offenen Fenster. Auf dem Weg stadtauswärts konnte man den Wald förmlich näher rücken sehen. Je weiter wir uns von der Stadt entfernten, desto näher schlangen sich die dunkelgrünen Pflanzen des Urwalds bis an die Straße heran. Die Beschilderung des Templer Parks führte uns auf eine Seitenstraße und schon nach kurzer Fahrt erreichten wir den großen Parkplatz am Fuße des Eingangs zum Park. Ein einziges weiteres Auto nützte die Parkmöglichkeit, die Hundertschaft der anderen Stellplätze stand leer und ungenützt. Wir wechselten die Schuhe. Statt der Turnschuhe, die luftig und leicht waren, schnürten wir uns die Bergschuhe an, bei deren Anblick sich schon wieder die ersten Schweißperlen zum Sturz von der Stirn bereithielten. Die Schuhe festgebunden, mit Unmengen von Anti-mückenspray eingesprüht und mit einer Kopfbedeckung gingen wir über eine kleine Wiese, einen Bach bis zu einem Schotterweg, um in das dunkle Dickicht des gefährlichen, von wilden Tieren strotzenden Dschungel vorzudringen. Der Schotterweg führte uns schnurstracks in das unwiderrufliche Dickicht, die absolute Menschenleere, dachten wir. Tatsächlich führte er uns auf eine riesige Lichtung, in der fleißige Hände ein gemauertes Freibad mit Sprungturm, Kantine und Umkleidekabinen angelegt hatten. Überall tummelten sich Kinder, sprangen in Badehosen in das braune Wasser des Schwimmbades, eilten barfuß über den Dschungelboden und ließen sich an Lianen in das Wasser gleiten. Die Kantine hatte geschlossen, außerhalb der Saison verirrten sich hierher nur wenige Fremde. Wir mussten dafür für die Kinder ein sehr verwunderliches Bild abgeben. Während diese in Badehose und

Jesuspantoffeln herumtollten, hatten wir uns aus Angst vor dem Kleingetier mit schwerem Schuhwerk, langen Hosen, langen Hemden und Kopfbedeckung aufgemacht. Es fehlte noch der Atemschutz und irgendein gewitztes Kind hätte mit Sicherheit die NASA alarmiert, dass Fremde im Norden Kuala Lumpurs gelandet seien und sich daran machten, ein altes Freibad zu besetzen. So wurden wir nur Ziel hämischen Gelächters. Unbeirrt von diesem Erlebnis setzten wir todesmutig unseren Weg in die Tiefen des Dschungels fort. Der Bach, der bei seinem Auslauf den Pool nährte, führte in unzähligen Windungen parallel zum Schotterweg weiter in den Dschungel. Die Baumkronen über uns begannen immer dichter zusammenzustehen und auch der Weg wurde von Schritt zu Schritt schmaler. Manchmal kreuzten sich Weg und Bach, dann galt es über umgeworfene Baumstämme den Bach zu überqueren und da lohnten sich auch die festen Schuhe. Das Insektenmittel hätten wir uns freilich sparen können. Unbeeindruckt von dem Spray attackierten Stechmücken jegliche freie Hautstelle.

Der Schotterweg wandelte sich, wurde zum Lehmweg und begann rasch und steil nach oben anzusteigen. Der Bach daneben stürzte sich über Felsen und verschaffte dem Lehm die feuchte und damit ungemein rutschige Komponente. Hier hörte man keine Kinder mehr, das undurchdringliche Laubwerk verschluckte die Schreie der Kinder. Aber es war auch nicht still, sondern der Urwald setzte seine lauten Rufe anstelle des Kinderlärms. Man hörte ferne Tiere, Gekreische in den Baumwipfeln von Affen und lautes Zirpen wohl daumengroßer Insekten, die sich im Laubwerk zum Wegrand verbargen. Dazu das Rauschen des Baches, der sich über die Felsen stürzte, in kleinen natürlichen Becken langweilte, um sich sogleich verächtlich über die nächsten Felsbrocken zu werfen. Er gluckste, rauschte; tausende fein zerteilte Wassertröpchen stoben vom Bachbett auf, vermischten sich mit der feuchten Luft, erzeugten einen ganz feinen Schleier, einen Nebel, der in die Baumkronen hinaufstieg und gegen die wenige einfallende Sonne in allen Spektralfarben schillerte.

Handtellergroße Schmetterlinge, geschmückt mit prächtigen Neonfarben und dunklen Zeichnungen glitten lautlos über den Weg, zwischen unseren Köpfen hindurch. Sie lösten sich aus dem Blätterdach, um scheinbar spielerisch auf uns herabzugleiten, zogen kleine Kreise und turtelten vor uns her, um dann ebenso unvermittelt wieder in das Blätterdach aufzusteigen oder seitlich in den Dschungel abzuschweben. Völlig lautlos, gespenstisch. Vögel stoben durch das Geäst, Käfer liefen ob der Erschütterung durch unser Schuhwerk vermeintlich um ihr Leben, hunderte, tausende. Man wähnte sich beobachtet; glaubte, und die Fantasie tat ein ihriges, jeden Moment würde ein wildes Tier hinter dem grünen Blättervorhang hervorbrechen und sich auf uns Eindringlinge stürzen.

Das Blätterdach über dem Bach lichtete sich, gab den Himmel frei, der sich in den natürlichen Becken spiegelte. Auf der anderen Bachseite schlugen Wanderer eine Unterkunft auf, ein Zelt, das mit der blauen Plastikplane wie ein surrealer Fremdkörper in dieser Umgebung wirkte. Metallene Kochtöpfe und eine Feuerstelle davor zeugten von den Bewohnern. Weiter bachaufwärts fanden wir dann zwei jugendliche Chinesen am Bachrand sitzend beim Fischen. Auf der Jagd nach den Opfern für die silbernen Pfannen und Töpfe. Wieder galt es, den Bach über lange, teilweise morsche Holzbohlen zu überqueren. Der Lehmweg hatte erneut an Steilheit zugelegt. Der Bach stürzte sich jetzt zu unserer Rechten in die Tiefe. Auf stabilen Holzpfählen hatte man halb über das Bachbett Beobachtungsplattformen und einfache Unterstände gebaut. Eine Schulklasse Einheimischer hatte sich dieser Aussichtsplattformen bemächtigt, hier ihr Lager aufgeschlagen und die Schüler tummelten sich zwischen den Bachschnellen und badeten in den Felswannen. Auf Schnüren zwischen den einzelnen Plattformen hatten sie ihre nassen Kleidungsstücke zum Trocknen aufgehängt.

Spätestens an dieser Stelle wurde der Weg unpassierbar. Das Lehm- und Erdegemisch erreichte Knöcheltiefe und es gab kein Vorwärtskommen mehr. Bei jedem Schritt nach vorn versank man zuerst im Schlamm, um zugleich die Schrittdistanz hangabwärts zu rutschen. Wir liefen trotz unserer alpengeeichten Bergschuhe im wahrsten Sinn des Wortes auf der Stelle. So entschlossen wir uns zur Umkehr. Völlig durchnässt vom Schweiß, knöcheltief verschlammt kehrten wir mit einem ersten Eindruck vom Dschungel zu unserem Auto und der heiß ersehnten Klimaanlage zurück.

Links und rechts der neuen, durchaus europäischen Ansprüchen gerecht werdenden, Autobahn flitzten Palmenhaine an uns vorbei, Palmenhaine, so weit das Auge reicht. Unser nächstes Ziel sollten die Cameron Highlands sein, jener Teil Malaysias, der aufgrund seines Klimas, des Tees und seiner ganzen Art und Weise wohl am ehesten an die englische Kolonialzeit an England selbst erinnert. Wir hatten von Teeplantagen gelesen, von angenehm kühlen Temperaturen, von stilvollen englischen Landhäusern und einer reizvollen Anfahrt durch unberührten Dschungel über eine schmale Bergstraße, an deren Rändern sich vereinzelt die Ureinwohner Malaysias angesiedelt haben sollen. Zuvor galt es aber noch rund zweihundert Kilometer Anfahrt zu meistern.

Schon während der Fahrt spähten wir besorgt nach möglichen Unterkünften, doch in den kleinen Dörfern, die wir von Zeit zu Zeit passierten, sahen wir keine Verweilmöglichkeiten. Teilweise erblicken wir überhaupt keine Pensionen und Hotels. Zwischen den Dörfern, die wir hinter uns ließen, hetzten wir den Wagen mit seiner persönlichen Höchstgeschwindigkeit über die Autobahnkilometer bis zur Abzweigung zu den Cameron Highlands. Auf Malaysias Autobahnen wird eine Mautgebühr enthoben. Für die Fahrt über die hundertfünfzig Kilometer Autobahn mussten wir 5 Ringit (50 Cent in Euro) Gebühr entrichten. Dafür gab es praktisch keinen Verkehr auf der Strecke, eine gute Beschilderung, keine Schlaglöcher und keine Tankstellen. Dies dürfte sich aber zwischenzeitlich geändert haben. Zum Zeitpunkt unserer Reise war die Autobahn gerade neu eröffnet worden. Es gab viele Raststätten und Tankstellen zu beiden Seiten der Fahrbahnen, doch diese gab es nur in Form von schönen, angeebneten Plätzen und verheißungsvollen Plakaten, die zeigten, wie die Tankstellen wohl aussehen würden, wenn diese erst einmal gebaut worden wären.

Auf der Landstraße ging die Fahrt wesentlich langsamer voran. Die Straße wand sich schmal und zu beiden Seiten von Dschungel gesäumt in das Hochland hinauf. Zusätzlich verlangsamt wurde unsere Fahrt durch einen großen Lastwagen, der offenbar mit demselben Ziel die Straße bergaufwärts stöhnte. Durch eine ausgetüftelte Lichtsignalfolge ermutigte uns der Fahrer schließlich, ihn zu überholen, und wir hatten die vielschichtigen Zeichen richtig gedeutet, denn es kam uns kein Gegenverkehr entgegen. Auch wir blinkten und leuchteten mit allem vorfindlichem Gerät, zum einen, um uns zu bedanken, und zum anderen, um unserer Freude über das gelungene Überholmanöver Ausdruck zu geben. Auch unser Wagen quälte sich; wir eilten an kaskadenartigen Wasserfällen vorbei, die sich über braune Felsen stürzten und an kleinen Raststätten, die gelegentlich am Straßenrand auftauchten.

Stellenweise lichtete sich der Wald und gab einen wunderschönen Blick über den Straßenrand hinaus in das angrenzende Tal preis. Ein tiefgrünes Tal, dessen Anhänge dunst weiße Nebel und Wolkenfetzen entlangstreifen. Die Luft hier erwies sich als angenehm, fast kühl, erfrischend wie nach einem reinigenden Gewitter an heißen Sommertagen. Die Klimaanlage konnte sich ausruhen, die Fenster übernahmen jetzt ihre Aufgabe.

Im Hochland regnete es. Genauer gesagt schüttete es. Der Wald hatte sich zurückgezogen und wie ein grüner, dichter Teppich erstreckten sich Tee- und Erdbeerplantagen, soweit das Auge reichte, über die Hügel. Dazwischen leuchtete das helle Grün eines Golfplatzes, an dessen Rand typisch englische Fachwerkhäuser, Landhäuser in bestem schottischen Stil, standen. Wir fühlten uns in den Norden Englands versetzt, mitten in eine Szene des schottischen Hochlandes, und wir erwarteten, das Spiel eines Dudelsacks oder Schafherden über die Hügelkuppen ziehen zu hören.

Unsere Scheibenwischer quietschten bei jeder Bewegung. Wir mussten aussteigen, um uns von Pension zu Pension nach einer möglichen Unterkunft durchzufragen, und das Aussteigen glich einer Dusche mit schweren großen Tropfen. Wir schwammen von Pension zu Pension, doch die meisten im Reiseführer erwähnten Unterkünfte waren ausgebucht oder entsprachen nicht unseren Vorstellungen in Bezug auf Hygiene und Komfort. Einzig ein englisches Landhaus bot sich an, mit schwerem Eicheninterieur, dicken, rotgewebten Teppichen und beinahe königlicher Anmut. Leider auch mit königlichen Preisen. So trafen wir schweren Herzens die Entscheidung diese verregnete Gegend hinter uns zu lassen. Auf einem kurzen Rundgang, denn nass waren wir ohnedies schon, sammelten wir einen letzten Eindruck dieser Hochebene und schickten uns an, wieder in das schwüle, aber nicht ganz so nasse Tal hinabzufahren, aus dem wir gekommen waren.

Die nächste größere Stadt hieß lpoh und lpoh würde auf jeden Fall die letzte Station für diesen Tag sein. Unser Benzin ging zur Neige und die Sonne verabschiedete sich bereits, um der Nacht Platz zu machen, als wir am Horizont die ersten Häuser lpohs erblickten. In lpoh gab es eine Vielzahl an Hotels und Pensionen, mussten in dieser modernen Industriestadt doch viele Geschäftsleute einkehren. Diesmal wollten wir, dessen waren wir uns sicher, unser Zimmer nicht wieder mit Kakerlaken teilen. Nach vielen Besichtigungen, die fast alle in einer marmornen, schönen Rezeption begangen und spätestens beim Flur zu den Zimmern mit Teppichboden und damit Kakerlakennistplätzen bestachen, fanden wir ein modernes Hotel für Geschäftsreisende, das von Kakerlaken keine Spur erahnen ließ. Der Preis war angemessen, die Zimmer sauber, ebenso das Bad, und selbst bei plötzlichem Einschalten und Betreten des Zimmers konnten wir keine Kakerlake ausfindig machen.

Nach einem kleinen Spaziergang durch lpoh befanden wir es an der Zeit, essen zu gehen. Beim Beziehen des Hotelzimmers hatten wir im Parterre des Hotels ein chinesisches Lokal ausgemacht, das schien uns jetzt gerade recht. Die Speisekarte präsentierte sich uns in vorbildlichem Chinesisch. Kein Problem für uns. Wir gustierten, schmökerten, kreisten mit den Augen und den Fingern und ergangen uns in Verwunderungen angesichts der Vielzahl unterschiedlicher Zeichen, die das chinesische Alphabet anzubieten hatte. Jede unsere Handlungen wurde von einer Schar bedienender chinesischer Mädchen beobachtet und mit freundlichem Lächeln goutiert. Fachmännisch legten wir die Speisekarte zur Seite und begannen, den Wartenden unsere Vorstellungen von einem Abendessen in Englisch auszudeutschen. Nicht ganz deutlich offensichtlich, denn die Mädchen mussten immer wieder rückfragen und wir verstanden nicht eine Silbe des Kauderwelschs, das sie von sich gaben. So nickten wir und schüttelten abwechselnd den Kopf und diese Technik schien sich zu bewähren. Ein Teil der Mädchen zog ab in die Küche, während die anderen uns Tee servierten, lauwarm in Schalen, und kaum hatten wir daran genippt, stürzten sie auf uns zu, um nachzuschenken. Eine vorbildliche Bedienung und bei alledem lächelten die Mädchen stetig. In der Folge bekamen wir sehr köstliche Gerichte serviert. Wir vermuteten, es handelte sich um Ente in Zitronensoße und diverse Beilagen, die sich jeglicher Vermutung entzogen. Hinter vorgehaltener Hand kichernd, verfolgten die jungen Mädchen unsere Esskünste mit den bekannten Stäbchen und den unbekannten Speisen.

Fünfter Tag

Ein sonniger Morgen erwartete uns. Beim morgendlichen Spaziergang zeigte sich Ipoh in warmem Licht und wir waren guter Dinge. Hätten wir die Stadtkarte auf unserem Spaziergang auch noch mitgenommen, hätten wir vielleicht sogar den Bahnhof aus der Kolonialzeit gefunden, den wir uns unbedingt anschauen wollten.

Welch unkontrollierte Auswirkungen eine vergessene Stadtkarte haben kann, sollten wir beim Auschecken aus unserem Hotel bemerken. Da die Sonne mit Riesenschritten den vormittäglichen Himmel erklomm und schon jeder Schritt die Schweißperlen hervorlockte, beschlossen wir nämlich den Bahnhof mit dem Auto zu suchen. Da wir hernach nicht wieder in das Hotel zurückkehren wollten, checkten wir aus und benutzten die Gelegenheit zugleich, um die beiden Rezeptionisten nach dem wohl günstigsten Weg zu den kolonialen Bauten der Stadt zu fragen. Ein Fehler, genauso wie die Tatsache, dass wir nur mit einer Kreditkarte reisten, statt mit mindestens zwei, wie dies unser Reiseführer empfohlen hatte. Warum?

Nun die Eurocard musste in der Zentrale rückgefragt werden. Ein Prozess, der sich in der Folge mehrfach wiederholen sollte, weil die elektronischen Lesegeräte nur allzu häufig ihren Dienst versagten. Hätten wir in diesem Falle eine zweite Kreditkarte mit uns geführt, wäre die Chance, dass wenigstens eines der Lesegeräte funktioniert, weitaus höher gewesen und wir hätten uns die jedes Mal entstehende Wartezeit erspart. So musste der Rezeptionist bei der Zentrale die Gültigkeit der Karte nachfragen, dies bedeutete einen Anruf und das Warten auf den bestätigenden Rückruf.

Ein weiteres Hindernis gegen unsere Abfahrt hatten wir mit der Frage nach dem Weg zu den Kolonialbauten in den Raum gestellt. Die beiden Rezeptionisten konnten sich beim besten Willen nämlich nicht zu einer einhelligen Meinung durchringen. Schlug der eine einen Weg vor, verwarf der andere diese Möglichkeit mit mindestens der gleichen Heftigkeit, und umgekehrt. Die beiden gerieten regelrecht in Streit über diese unterschiedlichen Auffassungen. Zu guter Letzt sollte auch noch der Kofferträger in diese Auseinandersetzung verwickelt werden, der durfte aber bereits einschlägige Erfahrungen gemacht haben und winkte dankend, aber lächelnd die Aufforderung ab, Stellung zu unserer Frage zu beziehen. Wir wissen nicht, ob sich die beiden jemals einigten, jedenfalls zogen wir uns mit der Freigabe unserer Kreditkarte unauffällig vom Schauplatz der Diskussion zurück.

Den Bahnhof und die Nachbargebäude fanden wir auch so. Unser Reiseführer und beständiges hartnäckiges Kreisen und Suchen krönten unser Ansinnen schon nach Kurzem mit Erfolg. Die Engländer hatten auch in lpoh ihre Spuren deutlich hinterlassen. Ein riesiger kolonialer Bahnhof, heutzutage teilweise zu einem Hotel ummodeliert, und dazu passend eine Schulanlage gemäß eines gehobenen Colleges in Mittelengland. Nicht weniger imposant das Verwaltungsgebäude für die einstige Provinz. Von hier aus wurde der Zinnabbau gesteuert, die Teeplantagen kontrolliert, der Raubbau organisiert, aber auch der europäische Lebensstandard aufgebaut. Schulwesen, medizinische Versorgung und politische Hierarchien. Dies war der Ort, wo britische Kolonialherren in hellen, beigen Anzügen und mit Tropenhelmen ihren Tee zu sich nahmen oder Besucher aus anderen Provinzen zu sich baten.

Im Bahnhofsinneren war an vielen Dingen die Zeit völlig spurlos vorübergegangen. Gusseiserne englische Ticketautomaten mit aufgenieteten englischen Schildern fanden sich ebenso wie Beleuchtungskörper und verblasste Wandverzierungen aus diesen vergangenen Tagen. Relikte einer prunkvollen Zeit für eine kleine Oberschicht. Hier könnte man verweilen, aber wir mussten weiter.

Im Norden Ipohs erwarteten uns berühmte Felsentempel. Leicht zu finden, denn auf dem Hügel, in dessen Anhang die Tempel gegraben wurden, prangt ein riesiger Mercedesstern. Auch eine Form von Werbung. Tor an Tor reihen sich die reich verzierten Eingänge der Tempel an den circa siebzig Meter hohen, steil ansteigenden Fels. Die Straße und den Eingang trennen kleine Vorgärten. Hier durfte der Kunst des Gärtners freie Hand gelassen worden sein. Teiche, kleine Brücken, Türmchen mit Wasserfällen und Fontänen, dazwischen die bunten Wesen und Figuren aus der Halbwelt zwischen Glauben und Realität. Der eine Vorgarten prunkvoller, der andere etwas schlichter oder gar praktisch, mit Schaukelpferden und Turn- oder Spielgeräten für die Kinder. Aber auch diese kunstvoll bemalt, mit kleinsten Details geschmückt und verziert. Selbst das Strauchwerk und die Zwergbäume wurden durch kunstvollen Beschnitt zu Darstellungen mythischer Fabelwelten zurecht-gestutzt.

In den Tempeln selbst beherrschten riesige Buddhastatuen in den unterschiedlichsten Posen das Geschehen und geleiteten in den Haupttrakt der Höhle, wo zumeist ein noch größerer Buddha, gerahmt von Drachen und anderen Fabeltieren, thronte. Blattgold, bunte, grelle Farben zierten das Interieur, giftige Wandmalereien verblendeten das harmoniebedürftige Auge durch krass rot-blau-grüne Kombinationen. Speiende Drachen wanden sich um Säulen und schielten aus herausquellenden Augen auf den Besucher. Für uns unlesbare Schriftzeichen, auf Lederbahnen oder in Stein gehauen, verhießen mehr Informationen zur dargestellten mythischen Szenerie oder gaben Aufschluss über den oder die Erbauer des Tempels, mit denen nicht selten einsame, aufopfernde Schicksale verwoben wurden. Ein Ort des Gedenkens, ein Ort der Götter, den wir betreten hatten. Wir folgten dem duftenden Rauch der Räucherstäbchen, der sich, in langsamen Bahnen getragen, von unsichtbaren Luftströmen den Weg in die Freiheit aus dem Tempel heraus erschlängelte.

Die Sonne hatte sich hinter einen Wolkenvorhang zurückgezogen, ließ die warme Luft allein zurück und ein leichter Regen hatte eingesetzt. Dem stärker werdenden Regen beharrlich folgend, kamen wir an den niederschlagsreichsten Ort Malaysias, Kuala Kangsar, der sich pittoresk an einen breiten, braunen Fluss schmiegte. In Kuala Kangsar befanden sich zwei Königspaläste. Der alte und der neue, noch bewohnte. Bevor wir uns jedoch auf die Suche nach diesen Prunkstücken machen wollten, kehrten wir in ein kleines Restaurant direkt am Flussufer ein. Oft dürften hier noch nicht Fremde gespeist haben. Wir waren sofort Mittelpunkt der Aufmerksamkeit, wurden zuvorkommend und vor allem vor all den anderen Gästen bewirtet und wir lernten, dass Huhn auch „medium“ genießbar ist. Einer Suppe ohne weitere Ingredienzien außer heißem Wasser und Gewürzstoffen folgte ein Reisauflauf, Nasi Ayam, mit Hühnervierteln, aus denen bei jedem Anschnitt Blut quoll. Dem aufmunternden Blick der Chinesenmami, die am Herd stand, konnten wir uns dennoch nicht entziehen, das Huhn und der Reis war unser und es schmeckte tatsächlich gut; trotz des Blutes.

Über dem Dorf erhoben sich den Anhang eines kleinen Hügels hinauf weiße, an die Kolonialzeit erinnernde Villen mit teils pompöser Ausstattung. Im Vorbeifahren erblickten wir prunkvolle Auffahrten, geschotterte Umkehrplätze oder Pools. Am höchsten Punkt des zu einem Plateau abgeflachten Hügels lag der Sultanspalast. Hermetisch abgeriegelt, mit einer kleinen Mauer und hohem Eisenzaun, konnten wir nur durch kleine Lücken in den Blättern den dahinterliegenden Sultanspalast erspähen. Über dieses Blattwerk reichten hingegen die spitzen, geweißten Türmchen und die vergoldeten Kuppeln des Dachtraktes.

Im Schatten des neuen Sultanspalastes entdeckten wir den alten Palast. Ein Holzbau, grün und weiß lackiert, zweistöckig, kaum größer als ein Zweifamilienhaus. Überall boten Löcher viel Platz für frische Luft zum Zirkulieren. Er wurde ohne einen Plan und ohne einen Nagel erbaut und beherbergte seit der Übersiedlung des Sultans in den neuen Palast ein Museum. Ohne Schuhe durften wir über den glatten Holzfußboden in das Innere des Palastes vordringen und zwischen Fotografien und alten Inventarien wandeln. Eindrucksvoll. Selbst ein Nachbau des ehemaligen Sultansbettes war aufgestellt und entsprechend der einstigen Traditionen aufgebettet worden. Edle Tücher von goldiger, weißer und grüner Farbe, passend zum Gesamtwerk des Baus, dazu Teppichvorleger, -unterleger und Brücken, damit man, auch ohne den Holzboden zu berühren, bequem ins Bett wandeln konnte. Sehr eindrucksvoll und auch mutig. Zur Beleuchtung hatte man offene Kerzen zu beiden Seiten des Bettes platziert. Jeder Brandsachverständige hätte angesichts des Holzbaus mit dieser Idee seine Schwierigkeiten gehabt. Aber da wir den Plast besichtigen konnten, schienen die Herren und Damen der vergangenen Zeiten ordentlich aufgepasst und nur wenig Sinn für Herumtollen und dergleichen aufgebracht zu haben, denn der Holzbau zeigte keine angesengten Stellen, noch war von einem Feuer je was überliefert worden.

Unser nächstes Reiseziel hieß Georgetown, die Hauptstadt der Halbinsel Penang, die mit einer großen Brücke mit dem Festland verbunden wurde. Der Regen hatte längst wieder aufgehört, Wolkenfetzen schoben sich über den Himmel, verdeckten die Sonne, gaben ihre Strahlen wieder frei, spielten ihr Spiel in den Armen des Windes. Die Landschaft, von nun an konsequent flach, zog an uns vorüber. Reisfelder hatten die Palmenhaine abgelöst, Ochsen zogen Karren über Wege und schleppten den Pflug durch das Feld. Wir glitten daran vorbei, umsäuselt von der Klimaanlage und bebrummt von dem monotonen Geräusch der Reifen, die Autobahnkilometer um Kilometer in sich hineinrollten. Penang galt als der wohl touristische Ort unserer Reise. Unzählige Hotelbauten großer Veranstalter liegen an der Küste rund um die Halbinsel und werben mit einst klarem Wasser und ruhigem Meer. Inzwischen verfügen fast alle Hotels über eine ausgedehnte Poolanlage, die Industrialisierung und der hinter Penang gelegene Hafen haben den nur noch in Prospekten glänzenden Stränden ihr Brandmal aufgetragen. Die Stadt, ein Kern alter, kolonialer Häuser mit Fort an der Wasserseite über das sich viele Geschichten über wackere Männer und dreiste Kolonialisten erzählen ließe, empfing uns mit unerwartet großem Verkehrsaufkommen. Viele der Kolonialbauten in den Randbezirken mussten der Erschließung durch mehrspurige Zufahrten ebenso weichen wie dem Wunsch ausländischer Investoren, hier ihre Ferienhäuser zu errichten oder die bestehenden Hotelanlagen noch um diesen und jenen Anbau zu ergänzen. Hektische Umtriebigkeit herrschte auf den Straßen, die wir auf der Suche nach einer ordentlichen Unterkunft durchkreisten. Wir folgten der Straße bis an die Küste und an dieser entlang, wo sich die Reisefirmen ihre Hotelanlagen leisteten, und wir fuhren diese Straße auch wieder zurück. Hotelanlagen erachteten wir als unnötigen Luxus, da reizte es uns schon mehr, in einem der bekannten Häuser aus der Kolonialzeit abzusteigen, die sich ihren Charme bis heute bewahrt hatten. Also suchten wir das Eastern & Orientei auf, ein weithin bekanntes Hotel, das sich im Großen und Ganzen heil aus der Vergangenheit in die Gegenwart herübergerettet hatte. Wir besichtigten die Zimmer und wussten, dass wir auf den alten Charme der Kolonialzeit gut und gerne verzichten konnten. Unmittelbar gegenüber des Eastern und Orientei fanden wir das augenscheinlich höchste Haus in der Altstadt Georgetowns und, wie es der Zufall wollte, handelte es sich dabei um ein Hotel. Der achte Stock schien uns recht und bot neben langen und spannenden Aufzugsfahrten (kommen wir oben an oder fällt zuerst der Strom aus?) einen herrlichen Blick just über die Altstadt. In der anderen Richtung hätten wir schließlich nur das Fort und die See eingesehen. Dafür waren die Zimmer äußerst großzügig bemessen, eine Klimaanlage sorgte für kühle Luftzufuhr und wer hatte schon jemals von Kakerlaken gehört, die bis in den achten Stock vordrangen? Ach, das hätten wir früher wissen müssen. Fortan wussten wir, dass Kakerlaken die Höhenluft geradewegs lieben. Sie scheinen dort besser als sonst wo zu gedeihen.

An kaum einen anderen Ort fanden wir ein derart unverfälschtes Asien mit einer in unmittelbarer Nachbarschaft zum Tourismus orientierten Welt. Kaum wo stießen wir bei einzelnen Kaufleuten und Restaurants auf größere Ignoranz gegenüber dem Einfluss der Touristen als in Penang. Natürlich, dorthin, wohin selbst zu hochsaisonalen Zeiten keine oder kaum Touristen abdriften, dort gab es Asien pur in

Hülle und Fülle. Zumeist aber hatten sich in den Gegenden, wo Touristen häutiger anzutreffen waren, die Händler längst auf den geänderten Anspruch eingestellt. Nicht so in Georgetown. Neben adaptierten Geschäften, die von kopierten Markenuhren bis zur neuesten digitalen Errungenschaft alles führten, priesen traditionelle Händler Gewürze und Heilstoffe, gewonnen aus Wald- und Feldpflanzen an und offerierten Frauen geflochtene Körbe oder selbst gezogenes Gemüse. Auch die Straßen zeugten von dieser zweigeteilten Gesellschaft, die in sich so prächtig harmonierte. Radgespanne, Rikschas, Pferdewagen und Mofas teilten sich die Straßen mit Lastkraftwagen und modernen in- und ausländischen Pkws. Ein Potpourri unterschiedlichster Epochen und verschiedenster Gesellschaftsschichten.

Sechster Tag

Ein Tag in Georgetown und zur Erkundung der Halbinsel, am sechsten Tag wollten wir aufbrechen auf die große Fahrt über Land auf die Ostseite Malaysias. Dreihundert Kilometer quer durch den Dschungel.

Ein Tag für Tempel, Schmetterlingsfarm, Küstenstraße und vielleicht auch für einen kurzen Sprung in das Meer. Der Küstenstraße folgend passierten wir wieder den Vorort der Hotelburgen, um an einem der letzten Hotelausläufer die Schmetterlingsfarm zu besuchen. Im Rahmen einiger überdachter Räumlichkeiten wurden hier Schmetterlinge gezüchtet. Tausende der bunten Tiere bevölkerten Sträucher, Bäume und Gartenanlagen. Unterschiedlichste Arten lebten hier auf engstem Raum miteinander. Als kleine Zugabe und wohl als natürliches Regulativ gegen Überbevölkerung konnte man zwischen den Planzen Geckos und Chamäleons ausmachen sowie in Terrarien gehaltene Spinnen in handtellergroßem Ausmaß. Ein schauderlicher Anblick, vor allem wenn man sich vergegenwärtigt, dass diese Tiere in diesen Landen beheimatet sind, sozusagen bei jeder unbedarften Wanderung um die nächste Ecke biegen könnten.

Die Schmetterlingsfarm litt an den nahen Touristenhotels und hatte sich schon gänzlich auf das Durchschleusen großer Touristenströme, wie sie Busse zumeist ausspien, spezialisiert. Keine Spur von ruhigem Verweilen, der Mangel an Sitzgelegenheiten schloss ruhiges und dauerhaftes Beobachten der anmutigen Schmetterlinge aus. Dafür wurden die Tiere vor den Augen der Besucher gefüttert. Diese Idee schien man sich bei den Raubtierzoos abgeschaut zu haben, wo auf das Reichen eines Stücks Fleisch eine lautstarke Brüllerei und Rauferei um das gute Stück entbrennen mochte und dem Besucher statt der träge in der Sonne liegenden Tiere etwas Bewegung geboten wurde. Dass bei Schmetterlingen dieser Effekt wohl andersartig ausfallen würde, darüber hatte sich niemand ernsthaft Gedanken gemacht. Auf Eisengittern breiteten sich aufgeschlagene und teilweise schon faulige Früchte aus. Das angegorene Obst war eine Leckerei, wenn man ein Schmetterling ist. Der Effekt dieser unbarmherzigen Lockerei und Völlerei war jener, dass die Tierchen, statt auf einer umstehenden Pflanze regungslos zu verharren, dies auf den Obststücken taten. In Wahrheit völlten sie sich dabei den Magen, aber das dauerte eben und anschließend dürften sie in die wohlverdiente nachmahlzeitige Ruhephase übergeglitten sein. Jedenfalls bot die stete Fütterung keinerlei wie immer geartetes besonderes Schauspiel zum Betrachten.

Der Schmetterlingsfarm angegliedert gab es eine Ausstellung eben dieser gerade noch lebenden Tiere, nunmehr aber um die Mitte des Leibes durchbohrt mit einer zierlichen Nadel und aufgespießt zu tausenden auf weiße oder dunkle Kissen. Neben Schmetterlingen hatten sich zu dieser grausamen Nabelschau zudem tausende unterschiedlichster Käferarten eingefunden. Fast alle tot und durchbohrt.

Fast alle? Einige wenige Tierchen hatten, ohne Teil der makabren Ausstellung zu sein, den Weg in die Schaukästen gefunden und führten fortan ein Leben wie die sprichwörtlichen Maden im Speck. Ein Leben, das zugleich den Fluch der ewigen Gefangenschaft mit sich brachte. Entweder weil sie den Ausgang aus den Schaukästen nicht mehr fanden oder weil sie in der Zwischenzeit zu sehr über die Stränge geschlagen hatten, zu viele Beinchen, Flügel oder Körper ihrer Artgenossen verspeist hatten und ein für alle Mal der höchst auslässigen Größe entwachsen waren.

Wir fühlten dieses unheimliche Kribbeln im Nacken, in den Hosenbeinen, unter dem Leibchen und in den Taschen. Dieses Kribbeln riet uns, die armen aber schön anzuschauenden und vor allem noch nie zu Gesicht bekommenen Krabbeltiere sich selbst zu überlassen und dem Ausgang zuzusteuern. Dort hielt uns die nächste Attraktion in Bann. Ein Geschäft mit Holzschnitzereien. Sicherlich wussten wir, dass auch dieses Geschäft Ausfluss der touristenverwöhnten Gegend war und dass sich unter den käuflich erwerbbaren Exponaten keine von Hand im fernen Dschungel geschnitzten Stücke befanden. Vermutlich machte sich die gesamte Familie des Verkäufers im Hinterhof an rohen Holzstücken zu schaffen, um rechtzeitig für Nachschub der verkauften, angeblich von Orang Asli (Ureinwohner) handgearbeiteten Stücke zu sorgen. Das störte uns nicht weiter. Die ausgestellten Stücke übten eine beinahe magische Anziehung auf uns aus. Besonders zwei zugegeben etwas größere Exponate von rund eineinhalb bis zwei Metern Höhe hatten es uns angetan. Die guten Stücke, aus einem Holz gehauen, stellten lange, schmale Gesichter dar, unbeschreibbar in der Mimik und Gestik. Wäre nicht der stolze Preis gewesen, wir hätten diese beiden Erinnerungsstücke nach Europa einschiffen lassen, selbst auf die Gefahr hin, dass der Bruder des Verkäufers, seine Mutter oder sonst wer im Hinterhof letzte Hand an die guten Stücke gelegt hätte. Wie viele der anderen Exponate auch war dies unbedeutend und konnte das Wissen um diese Möglichkeit die magische Anziehung der Holzfiguren nicht schmälern.

Die Figuren blieben dort, wir fuhren weiter. Die Küstenstraße schlängelte sich den Meeresbuchten entlang, erinnerte ein wenig an die Straßen kleiner griechischer Inseln. Auf halbem Weg nutzten wir ein Rasthaus, um unseren Vorrat an frischen Früchten im Wagen aufzufüllen. Und wie so oft auf dieser Reise entdeckten wir Neues. Früchte, die wir niemals zuvor gesehen, geschweige denn gegessen hatten. Mangosteens. Diese Früchte wurden uns zu regelrechten Freunden. Diese Früchte, oder zumindest ihre frischen Artgenossen von anderen Verkäufern am Wegesrand, führten wir fortan stets bei uns. Das Fruchtinnere gab einen sehr gut erfrischenden Saft mit nahrhaftem Fruchtfleisch und zugleich schützte die Schale unseren Reiseproviant vor vorlauten Insekten und anderem Kleingetier.

Der Schlangentempel. Ein breiter Busparkplatz kündigte uns schon in etwa an, was wir von dem verheißungsvollen Schlangentempel zu erwarten hatten. Eine kleine Tempelanlage mit breitem Aufgang, ein paar Verbindungsgängen zu einer Art kleine Halle und inmitten dieser kleinen Halle stand ein verdorrter Baum in einem trostlosen Betontrog. Auf und zwischen den blattlosen Ästen dieses Baumes wanden sich träge und von dem ringsum herrschenden Rummel sichtlich unbeeindruckt drei Giftschlangen. Mehr hatten wir uns nicht erwartet und mehr sollte auch nicht geboten werden. Wir setzten unsere Fahrt fort und der Kreis um die Halbinsel schloss sich, schon kamen die Häuser Georgetowns wieder in Sicht und zur Rechten das Meer mit der großen Brücke, die vierspurig die Halbinsel an das Festland kettete.

Ohne Busparkplatz, weil nur durch einen ganz kleinen Weg zu erreichen, gerade mal breit genug für einen Pkw oder via Fußmarsch, durch eine Zeile anhänglicher Händler fanden wir im Süden von Georgetown eine gewaltige Tempelanlage, sozusagen nur für uns allein. Umgeben von einer hohen Mauer entdeckten wir eine kleine Stadt am Stadtrand mit Tempeln und zig Stockwerken hohen Tünnen, mit Spitzen und Zinnen, Brücken über künstlichen Wassergräben, großen Hallen und weiten Marmorböden mit Bänken voller Sand, in die Räucherstäbchen gesteckt waren und die Düfte verbreiteten und mit Mönchen, die uns argwöhnisch, aber freundlich zugleich beobachteten, aus jenem Teil des Tempels heraus, der nicht für Öffentlichkeit geöffnet war. Tek Lok Si. Einheimische saßen auf den Böden, kaligraphierten auf großen weißen Bögen Wünsche und Hoffnungen, erstanden heilige Zeichen, die Körperteile versinnbildlichten und Krankheiten vertreiben helfen sollten. Die Dimension der Anlage, der Schmuck und die Vielfalt beeindruckten uns. Allesamt ließen die bunten Figuren und Verzierungen den Verdacht auf Kitsch erster Wahl hintanstehen hinter der Bewunderung, solch ein Bauwerk am Leben zu erhalten. Fast stetig glaubten wir, einen Malertrupp ausrücken sehen zu müssen, der hier noch Korrekturen anbringt, neue Farben auf verblassende Hinterköpfe und dicke Bäuche aufträgt. Welch immenser Arbeitsaufwand mochte wohl in diesen Details stecken?

Kein Tempel ohne stinkenden Schildkrötenteich. Die Tiere sind auf ihre Art und Weise heilig, nicht für die Suppe, sondern als Boten der Götter, und viele Geschichten ranken sich darum. Viele Geschichten ranken sich aber auch um die Eierdiebe an der Ostküste, die die Nester der großen Meeresschildkröten plündern und die Frucht ihres Verbrechens den Meistbietenden auf dem Schwarzmarkt verhökern. Niemand hat da die Boten der Götter im Hinterkopf.

Zurück in Georgtown passieren wir noch einige der herrschaftlichen Kolonialbauten, die teilweise in traumhafter Lage von Industriellen aufgekauft und um viel Geld renoviert worden waren. Schöne Ansitze, direkt am Meer mit freiem Blick auf die offene See. Dazu ein gepflegter Vorgarten mit eigener, geschotterter Auffahrt. Auch diese Bauten stellen Meisterleistungen dar. Sie erfuhren Planung und Ausführung bis ins Detail. Und doch schienen uns diese Gebäude wahrscheinlich aufgrund ihrer Vertrautheit weit weniger eindrucksvoll als die verspielten Tempel.

In Georgtown konnten wir wieder ausgezeichnet essen. Frische Fruchtsäfte und Mee Goreng, Nudeln mit Tintenfisch, zu Preisen, die uns in heimischen Gefilden höchstens den Apparativ beschert hätten. Da saßen wir, betrachteten aus dem Restaurant ohne Außenwände den vorbeifließenden, bunt gemischten Verkehr und schlürften unsere Nudeln.

Siebter Tag

Tankstopp. Für die lange Fahrt von der Westseite Malaysias zur weitgehend vom Tourismus unentdeckten Ostseite sollte man sich mit ausreichend Treibstoff eindecken und man sollte die Reise möglichst zeitig am Morgen beginnen. Diesen guten Rat hatte unser Reiseführer für die geplante Strecke parat. So kehrten wir unmittelbar vor der großen Verbindungsbrücke zum Festland in eine Tankstelle ein, ließen den Wagen vollaufen, versorgten uns mit frischen Früchten und Keksen, man kann ja nie wissen, und harrten dann dem Rückruf der Kreditkartenzentrale. Fast jedes Mal das gleiche Spiel. Wie auch immer.

Schon nach wenigen Kilometern wurde die Besiedlung deutlich dünner, dann ergaben sich die Felder dem Urwald und links und rechts der neuen Verbindungsstraße nach Osten, ragten nur mehr hohe Bäume in den Himmel und bildeten ein unüberschaubares Blättermeer. Kein Verkehr, weder nach Osten noch aus Osten kommend. Der Reiseführer hatte von Lkws gesprochen, die diese Strecke bevorzugt benützen würden, doch das musste sich auf andere Wochentage bezogen haben. Uns war das mehr als recht. Die Straße, selbst in bestem Zustand, wand sich nach links und rechts, stieg an und bot einen märchenhaften Ausblick über das Blättermeer, um sogleich wieder in sanfte Täler abzufallen. Die Straße riss eine herbe Kerbe quer durch den Dschungel.

Rote Erde links und rechts der Fahrbahn mochte uns glauben machen, es sei der Dschungel, der blutet. Aber der Dschungel hatte nicht aufgegeben. Immer wieder hatte er sich in Todesverachtung in Form riesiger Baumstämme oder kleiner Lehmmuren auf die Straße geworfen, immer wieder hatten dröhnende Bulldozer den Dschungel zurückgeworfen.

Eine Narbe im Pelz der Natur, dreihundert Kilometer lang und ziemlich exakt auf halber Strecke der vernichtende Todesstoß: Ein riesiger Stausee war zwischen den sanften Hügeln angelegt worden, ein Stausee von unvorstellbaren Dimensionen. Als das Wasser kam, flüchteten die Tiere und alles, was sich bewegen konnte, eilte auf die höher gelegenen Bereiche. Elefanten und anderes Großwild, das sich auf den Hügeln plötzlich von Wasser umzingelt sah, mussten mit Flößen gerettet werden. Zurück blieben die mittlerweile abgestorbenen Bäume, überflutet, bis zum Hals, oder darüber hinaus recken sie ihre, vorn fauligem Moder angeschwärzten Äste aus den Fluten empor. Stumme, leidende Zeugen der großen Überflutung. Dort, wo die Flut ihren Ausgang genommen hatte, bei Gerik, dort rasteten wir von der Raserei. Ein Straßenimbiss bot Nudeln an, eine Tankstelle ihre letzten drei Liter Benzin, dann musste der Tankwart den Laden schließen. Morgen sollte wieder neues Benzin kommen, so hatte es ihm der Lieferant der staatlichen Raffinerien versprochen. Ein Ferienhotel offerierte hier Zimmer, inmitten brütend heißem Dschungel, lockte mit Bootsfahrten, Dschungelwanderungen und stillen Orten für besten Fischfang. Wir hatten nichts dergleichen im Sinn, fuhren jetzt gemächlich, weil bedacht auf den Benzinverbrauch den Stausee entlang. Eindrucksvolle Bilder, blauer Himmel, tiefgrüner Horizont und eine spiegelnde Wasseroberfläche, beinahe gespenstisch ruhig, nur unterbrochen von den mahnenden, schwarzen Ästen. Die Zivilisation fand spätestens am Straßenrand ein jähes Ende, dichtester Dschungel wucherte zu beiden Seiten und ab und an erblickten wir ein seltsames Straßenverkehrszeichen. Ein Dreieck, gleich einem „Achtung“ oder einer Warnung, aber mit einem dicken Elefanten in der Mitte. Immer wieder kreuzten Elefantenherden die

Straße, verursachten bei zwielichtiger Morgendämmerung Unfälle, weil sie ganz plötzlich aus dem Urwald hervorbrachen und sich breitbeinig auf die Straße begaben, um diese zu kreuzen.

Unsere Route führte ziemlich parallel an der thailändischen Grenze vorbei. Mehrere Straßensperren aus Öltonnen und Betonklötzen erinnerten uns darin, dass früher die Straße in den Abendstunden gänzlich gesperrt worden war. Immer wieder war es zu Überfällen kommunistischer Rebellen aus Thailand und zu regem Austausch mit hiesigen, angeblich tief im Urwald noch immer lebenden Untergrundkämpfern gekommen. Die Sperren konnten wir nur im Zickzack meistern, das Werbeschild der Autoverleihfirma war unser Freibrief, die wenigen anwesenden Soldaten winkten uns schon von der Ferne durch, begleiteten unsere Vorüberfahrt mit breitem Grinsen und widmeten sich dann wieder ihrer Beschäftigung, dem Warten auf aufrührerische Rebellen. Via Brücken überspannte die Straße mehrere breite Flüsse, an deren Ufern wir Lichtungen ausmachten mit kleinen Holzhäusern. Einzelne Kalkhügel, spitz und schmal, stießen aus der Dschungelebene empor wie Dornen, selbst dicht bewaldet bis zur Spitze. Keine Straße, kein Strom führte zu diesen Hütten, nur auf dem Wasserweg waren sie mit der Außenwelt verbunden. Auch wir würden im Verlauf unserer Reise noch einige solcher Hütten ansteuern, und auch wir würden auf dem Wasserweg über Stromschnellen und Untiefen anreisen müssen. Gott Lob es schien sich um keine gute Zeit für Rebellen zu handeln. Ohne nur eines Widerstandskämpfers ansichtig geworden zu sein, mussten wir enttäuscht schon den zweiten Kontrollpunkt passieren. Auch hier wieder das gleiche Spiel. Unmittelbar nach dem Stützpunkt verließ die thailändische Grenze die Nachbarschaft der Straße, zog sich in den Norden zurück und gab zwischen Straße und einen keilförmigen Streifen Land frei, der auf den letzten Kilometern nach Osten immer weniger von Urwald bewachsen war, immer öfter bogen kleine Wege zuerst nur nach Norden, später auch nach Süden ab. Wir hatten den Kernbereich des Dschungels wieder verlassen und steuerten schnurstracks auf die Küste zu.

Den sechsten Tag hatten wir fast ausschließlich im Auto zugebracht. Noch rund fünfzig Kilometer bis zur traditionsreichen Küstenstadt Kota Bharu, als uns ein schweres Gewitter erwischte. Prasselnder Regen schlug auf unser Auto, die Straße vor uns schien in den Fluten davonzuschwimmen. Mit dem Regen war die Dunkelheit gekommen. Trotz schnellstem Gang des Scheibenwischers, trotz aller Variationen von Fern- bis Abblendlicht mussten wir kapitulieren und ich brachte das Fahrzeug am Straßenrand zum Stehen. Die Sicht betrug kaum einen Meter. Hatte ich anfangs noch versucht, mich an einen vorausfahrenden Pkw anzuhängen, so musste ich bald eingestehen, dass mir das Risiko mit derart geringem Abstand, nur auf die Rücklichter des Vorausfahrenden fixiert und mit hohem Tempo über mir fremde Straßen zu bolzen, zu hoch erschien. Die Fluten wollten nicht aufhören. An unserem geparkten Fahrzeug donnerten schwere Lkws vorbei, als ob es überhaupt nicht regnen würde, doch wir ließen uns nicht beirren. Nach etwa einer Viertelstunde ließ der Regen nach, sodass wir langsam weiterfahren konnten, und je weiter wir fuhren, desto geringer wurde der Regen, bis er schließlich am Rande von Kota Bharu völlig aufgehört hatte. Unser Tagesziel hatten wir erreicht, jetzt galt es nur noch, eine gute Unterkunft zu finden.

Gut entwickelt, wie Kota Bharu war, hielten wir den Besuch des lokalen Tourist-Informationboards für das

Zweckmäßigste, um an Informationen über potenzielle Unterkünfte zu kommen. Und tatsächlich, das Tourist-Board protzte mit einer eigenen Informationsbroschüre ausschließlich über den Bezirk Kelantan mit seiner Hauptstadt Kota Bharu und mit einer erklecklichen Auswahl an Hotels unterschiedlichster Kategorie. Zwei Häuser gelangten schließlich in unsere engere Auswahl. Ein Hotel in unmittelbarer Zentrumsnähe und eines etwas außerhalb, direkt am Strand gelegen.

Das Hotel in der Stadt trug den Namen Islama Hotel und wir hatten schon so eine Vorahnung. Die Rezeption präsentierte sich wie immer in hervorragendstem Zustand und ebenso die Zimmer. Warum wir trotzdem im Hotel am Strand übernachteten? Weil im Lift, an den Wänden, schier überall in diesem Hotel, Schilder mit dem Hinweis auf den einzigen und wahren Gott angebracht waren und weil unmittelbar neben den Betten in den Zimmern des lslama Hotels unübersehbare, riesige Lautsprecher in die Wände eingelassen waren. Wir können es nicht mit Sicherheit sagen, aber wir glauben unser Verdacht würde sich bestätigen, dass frühmorgens über diese Lautsprecher nicht angenehme Morgenmusik, sondern der schallende Muezzin in alle Zimmer geschickt wird. Und bei aller Religionsfreiheit und bei allem Respekt vor fremden Religionen, unseren morgendlichen Schlaf dafür zu opfern hielten wir für keine besonders anregende Idee. Dieses Hotel schied wegen Verdachts auf Fundamentalismus und morgendlicher Nötigung aus.

Glück für uns, und Glück für das Hotel am Strand. Der uns zugewiesene Bungalow gefiel uns ohnedies besser als das Zimmer in der Stadt. Er war geräumig, mit Klimaanlage und Terrasse, umgeben von schönem Garten und Kokospalmen, wenige Schritte davor lag der Strand und es gab, wie wir uns nach der ersten Nacht überzeugen konnten, keine Kakerlaken oder sonstige Insekten darin, die uns in der verdienten Nachtruhe stören konnten.

Achter Tag

Drachenbasteln und Drachensteigen, das war eines der Dinge, für die Kota Bharu bekannt ist, Batikmalerei ist das andere. Über viele Jahre hinweg hatte sich Kota Bharu seine ausgeprägte Tradition bewahrt. Eine Tradition, auf deren Spuren wir jetzt wandelten.

Sinnigerweise befanden sich die meisten Batik- und Drachenläden auf eben jener Straße, die Kota Bharu mit unserem Hotel verband. Das mag Zufall sein, oder weil sich die Läden dort ansiedelten, wo die meisten Touristen vorbeikommen würden. Wir stöberten durch die Läden, entdeckten Kleider, Leibchen und Silberschmuck und natürlich die handgefertigten Drachen. Mit feinster Schneidearbeit wurden Muster in die Drachenhaut geschnitten, dünne Kordeln hielten Haut und Gestänge fest miteinander verbunden. Große Drachen, kleine Drachen und winzige Drachen, allesamt laut Ehrenwort der Verkäuferin oder des Verkäufers voll flugtauglich, konnten hier erstanden werden. Und die Gewänder, purpurne, kräftige Muster auf schönstem Stoff, doch wir gestehen gerne ein, dass sich in unseren heimischen Breiten kaum jemand mit diesen Gewändern auf die Straßen gewagt hätte, es sei denn, er nahm an einem Karnevalsumzug teil. Nicht weil die Gewänder schlecht gearbeitet wären und der Träger Angst haben müsse, dieselben unterwegs zu verlieren, oder weil sonstige Mängel den täglichen Nutzen einschränkten. Nein, es ist, weil diese Gewänder zugleich Ausdruck einer bestimmten Kultur sind, einer Kultur, die um ihrer selbst willen warmes Wetter benötigt und freie offene Gebäude, die um des Ausdrucks ihrer Lebensfreude willen kräftige Farben benötigt. Dies alles sind aber Attribute, die in der gleichen Form von uns Mitteleuropäern wenig akzeptiert werden. So erstanden wir kein Gewand, denn der Gebrauch im Fasching schien uns dieser Kultur gegenüber nicht gerechtfertigt und zum sonstigen alltäglichen Einsatz konnten wir uns gewiss nicht durchringen.

Im Stadtzentrum entdeckten wir Bäcker. Noch nie zuvor waren uns in einem Ort so viele Bäcker aufgefallen wie in Kota Bharu. Überhaupt dürften die Bewohner der Ostküste, wie wir noch am selben Abend am Nachtmarkt erleben konnten, den Gaumenfreuden wesentlich mehr abgewinnen als ihre Kollegen an der Westseite des Landes. Die Bäcker boten bunteste Kuchen und Torten, mit Lebensmittelfarbe, passend zu den Verzierungen ihrer Tempel, gefärbt an. Die Kuchen und die einfachen Teigbällchen, ähnlich unserer Semmel, aber aus mit Genn versetztem Teig, gefüllt mit Kokoscreme, stellten unserem Magen eine verzückende Belastungsprobe. Wie viele der köstlichen Brötchen würden wir auf einen Satz verschlingen können?

Für alle Fälle kauften wir gleich einen kleinen Vorrat ein, auch von den süßen Schokoschnitten ließen wir mehrere Stück einpacken. Leider vergeblich, wie wir später feststellten, denn winzig kleine Neider sollten sich in der folgenden Nacht über genau diese Schokostückchen hermachen. Die Bäcker hatten sich ringförmig um den sogenannten Central Market angeordnet. Fast jede Stadt besaß einen Central Market. Während der bereits beschriebene in Kuala Lumpur aber mehr und mehr funktionelle Aufgaben bei der Bewirtung von Touristen und der Versorgung derselben mit Souvenirs übernahm, blieb der Central Market in Kota Bharu seiner ursprünglichen Aufgabe treu. Ein überdachter Marktplatz, in dem jeder Bauer der Umgebung seine Produkte anbieten konnte. Stand an Stand, Kiste an Kiste reihte sich das Angebot. Viele bekannte Früchte wechselten sich mit uns unbekannten Sorten ab. Viele bekannte Früchte gab es in noch nie gesehenen Größen, Farben und Geschmacksrichtungen, viele unbekannte erinnerten in Form und Farbe an Altbekanntes und schmeckten doch so fremd. Neben Obst und Gemüse hatte hier auch der lokale Fischfang die Möglichkeit, den Inhalt seiner Netze an den Mann zu bringen. Zwei Stockwerke, oben in der Art einer Galerie, hatte das Gebäude, das selbst einen runden Grundriss aufwies. Auf den Außenanlagen und um den rundlichen Bau gab es Obst und Gemüse en gros. Vom Obstwagen, direkt vom Feld. Die Verkäufer schlugen das Obst auf, boten an, es zu kosten und zu riechen, und amüsierten sich königlich, wenn man angesichts des Geruchs, etwa einer Durian (Stinkfrucht), die Nase rümpfte. Der Gestank einer Durian ist schrecklich und doch konnten wir uns dem Drang, diese wenigstens zu probieren, nicht entziehen. Wir erstanden eine gut gereifte Frucht, wie uns der Verkäufer versicherte, und zogen uns mit einem großen Messer an den Strand vor unserem Bungalow zurück. Dort öffnete ich die Frucht und der grausame, zwiebelige Geschmack entwich und strömte uns in die Nasen. Unbeirrt setzte ich mein Werk fort, löste die genießbaren Teile aus der Schale und wir probierten das Fleisch.

So unterschiedlich können Geschmäcker sein. Während meine Freundin an der widerwärtig stinkenden Frucht durchaus nichts Erfreuliches finden konnte, genoss ich den zarten Geschmack nach Karamell, wie ihn kein Hersteller heimischer Karamellpuddings besser und schmackhafter produzieren könnte. Der Geruch freilich bleibt auch nach dem Öffnen der Frucht streng zwieselig, was oder besser wer auch immer mit der Frucht und deren Innerei in Berührung kam, der ist für den Rest des Tages gezeichnet, gezeichnet als Freund der Durian. Dies ist im Übrigen keine Schande, wetteifern die hiesigen Bauern, doch die schönere, bessere, und schmackhaftere Frucht gezüchtet zu haben, und sie prahlen mit der Kunst, die wahre, die gute Durian am Geruch am Aussehen und am Begriff erkennen zu können. Ich natürlich konnte das nicht, aber ich konnte, was ich eigentlich nicht musste, weil es jeder roch, behaupten, mich mit Durians und deren Innereien intensiv auseinandergesetzt zu haben. Noch Tage später soll ich immer noch den fernen Duft einer Durian mit mir getragen haben.

Nach der anstrengenden Autofahrt des Vortages erkundeten wir die Umgebung Kota Bharus nur auf kleinen Ausflügen, die wir sternförmig von unserem Bungalow aus unternahmen. Nach Norden hin entdeckten wir einige Tempel und Klöster, deren Dasein von zunehmender Einsamkeit geprägt ist. Die Fundamentalisten, die an der Ostküste wesentlich stärker vertreten sind als an der Westküste, hatten nämlich sämtliche Beschilderungen, die auf fremde Religionen hinwiesen, entfernt. Selbst schöne und große Tempelanlagen wie das von uns den Fundamentalisten zum Trotz gefundene Schiff etwas abseits der Hauptstraße besaßen keine Beschilderung mehr. So wissen wir bis heute nicht, welchen Namen dieser Tempel trug. Sicher ist nur, dass er in Form eines ausgewachsenen Schiffes in ein Feld am Wegesrand an den Rand oder als Zubau zu einem Kloster gebaut worden war. Dieses Schiff ragte mit der Bordwand aus dem Feld und war über und über mit Goldfarbe bestrichen und dazu mit bunten Perlen beklebt. Die Straße endete in einem kleinen Dorf an einer Flussmündung. Auf der gegenüberliegenden Seite begann Thailand.

Wir kehrten um. Auf dem Rückweg entdeckten wir noch zwei weitere Tempel, diesmal auf der gegenüberliegenden Straßenseite. Wer kennt nicht die Geschichte vom Hans-

Guck-in-die-Luft? Jedenfalls parkte ich am Straßenrand, während meine Freundin ausstieg und über die Straße auf die andere Seite lief, um das entdeckte Kloster besser in den Ausschnitt ihres Fotoapparates zu rücken. Während sie da so vor sich hin agierte, von einem Bein auf das andere tänzelte und den Kopf bald gerade, bald schief hielt, stets auf der Suche nach dem geeigneten Bildausschnitt, näherte sich mir von hinten eine Gruppe Rad fahrender Schüler im Grundschulalter. Diese entdeckten natürlich bald meine auf der anderen Straßenseite befindliche bessere Hälfte und blickten in deren Richtung. Gerade am Land sollte es uns noch öfter passieren, dass wir als regelrechte Weltwunder bestaunt wurden. So geschah es auch in diesem Fall. Ich saß, gut getarnt vor den neugierigen Blicken, im am Fahrbahnrand geparkten Auto. Die Radfahrer kamen auf mich zu, alle machte einen Bogen um das geparkte Auto, ja fast alle. Einer der Schüler konnte seinen staunenden Blick von meiner Freundin gar nicht abwenden und radelte schnurstracks in unser Autoheck. Willkommen an Bord dachte ich. Doch der Junge hatte sich von dem Schreck blitzschnell erholt, war aufgesprungen, zurück auf sein Rad und zu den anderen, die ihn mächtig auslachten, in Windeseile hinten nach geradelt.

Unsere anderen Sternfahrten verliefen weniger dramatisch. Einige Küstenstädtchen waren nichts, worüber sich in der gleichen Art und Weise zu berichten gelohnt hätte. Erwähnenswert waren hingegen zwei andere Erlebnisse. An diesem Abend kehrten wir in ein Restaurant ein, und dies war falsch. Falsch, weil wir wenig später eine viel verlockendere Möglichkeit zu essen bekommen sollten und weil wir eindeutig den falschen Sitzplatz gewählt hatten. Direkt am Fenster, mit Blick auf den träge darunter vorbeigleitenden Fluss. Das war romantisch, in der Feme die untergehende Sonne, die sich langsam hinter den Feldern nach unten gleiten ließ, und von irgendwoher drang sanfte Musik. Doch, wie in diesen Breitengraden üblich, ging die Sonne wie vom Blitz getroffen unter. Es war finster. Unsere Fische, ausgezeichnet zubereitet, wurden serviert und mit ihnen kamen durch das offene Fenster, von der Glühbirne über unseren Köpfen angelockt, Scharen von Insekten. Nicht Mücken, sondern langbeinige, schnakenähnliche Geschöpfe mit überaus wenig Lern- und Denkvermögen. Im Sekundenabstand fielen die Überreste dieser Tiere nach ihrem ersten Kontakt mit der heißen Glühbirne über unserem Tisch auf unser Essen nieder. Teilweise noch strampelnd, teilweise definitiv tot, landeten die Tiere in unseren Soßen, an und auf unseren Fischen. In wenigen Worten ausgedrückt, uns war sogleich der Appetit vergangen.

Ein Fenster besaß dieses Restaurant leider nicht, das man hätte schließen können, und auf den anderen Tischen, so konnten wir von unserem Platz aus erkennen, drohte die gleiche Gefahr. Kaum gesättigt zogen wir ab, und das war zugleich unser Glück. Denn was wir im Anschluss finden sollten, das überbot jegliches bisher da gewesene, essbare Angebot: der Nachtmarkt von Kota Bharu. Alles, was man sich nur erdenken konnte und sich in irgendeiner Weise zum Verzehr eignete, wurde hier feilgeboten. Natürlich alles frisch, zum selbstauswählen. Sämtliche Meeresfrüchte, Garnelen, Muscheln, Tintenfische oder Fleischstücke, ebenfalls zum selbst auswählen, die die Frau oder der Mann hinter der Garküche in wenigen Minuten vor unsere Augen mit Gewürzen und Zutaten briet und fertig servierte. Nirgendwo sonst fanden wir jemals wieder kandierten Tintenfisch mit Reisfüllung, eine ausgesuchte Leckerei, oder diese Garnelen von der Größe eines Kinderunterarms, ein Traum. Dazu Früchte, Kuchen und frische Säfte. Hier ließ es sich leben wie Gott in

Frankreich. Wir kauften, bestellten, kosteten und aßen. Beinahe jeder Stand bot neue Spezialitäten, sodass wir nach einer sehr langen Nacht auf dem Nachtmarkt von Kota Bharu leicht übervöllt in unseren Bungalow zurückkehrten.

Neunter Tag

Am nächsten Tag fiel unser Bremslicht aus. Ohne ersichtlichen Anlass leuchtete zentral in der Armaturentafel eine Warnlampe und teilte uns mit, dass irgendetwas mit dem Fahrzeug nicht mehr in Ordnung sei. Aber was? Verloren wir Bremsflüssigkeit oder schloss eine der Türen nicht mehr hundertprozentig? Vernahmen wir nicht auch ein eigenartiges Geräusch aus dem Motor oder war es die Klimaanlage, die nicht mehr so großartig kühlte wie noch vor Tagen? Diese Lampe hatte etwas stark Beunruhigendes. Beim besten Willen kann ich mich jetzt nicht mehr erinnern, wie wir dann schließlich feststellten, dass es sich „nur" um das Bremslicht handelte. Bei jedem Bremsen, bei jeder Verzögerung des Wagens, blickte ich fortan besorgt in den Rückspiegel, was wohl der hinter mir Fahrende machen und ob er wohl rechtzeitig auch sein Fahrzeug verlangsamen würde. Bei uns in Europa wäre ein defektes Bremslicht sicherlich ein Problem, und zwar weniger, weil man dadurch gegen Vorschriften verstieß, sondern weil sich wohl jeder Verkehrsteilnehmer mehr auf die Lichter am Wagen verließ als auf die Umstände, die er sonst wahrnahm.

Nicht so in Malaysia. Niemand schien das fehlende Bremslicht zu bemerken, auch viele Einheimische hatten längst keine funktionierende Beleuchtung mehr an ihrem Fahrzeug. Man orientierte sich an Tatsächlichkeiten. Wurde das Fahrzeug vor einem langsamer, so wurde man auch langsamer oder überholte, egal, ob da etwas leuchtete oder nicht. Trotzdem hielt unser mulmiges Gefühl an und wir suchten die örtliche Verleihstation auf. Diese sollte das Fahrzeug reparieren lassen, während wir das benachbarte Kulturzentrum aufzusuchen gedachten. Gesagt, getan. Der Mann hinter der

Rezeption der Verleihstation zeigte sich aufgrund unseres eigenartigen Ansinnens auf Reparatur eines derart unwichtigen Details, wie es das Bremslicht nun mal war, verwundert, aber er nannte uns zwei Stunden als Reparaturdauer und wir trabten zu Fuß zum städtischen Kulturzentrum, das sich nur eine Querstraße weiter in einer kleinen Seitengasse befand. Schon nach wenigen Schritten vermissten wir unser Fahrzeug oder besser die Klimaanlage. Je weiter wir gingen, trotz Schatten der Alleebäume, desto mehr vermissten wir das Auto. Schweiß schlich sich aus unseren Poren.

Das Kulturzentrum in Kota Bharu bestand aus einem sehr großen Haus, das der Öffentlichkeit nicht zugänglich war, und einem daneben liegenden Flugdach, unter dem bunt bemalte, riesige Trommeln lagerten. Unmittelbar davor gab es eine kleine Wiese mit einem Sandpodest in deren Mitte. Eine Art Scheune diente als Umkleideraum für die malayischen Traditionalisten und als Lager diverser kleiner Demonstrationsgeräte. Drachenbau und Batikmalerei, zu diesen traditionellen Hobbys in Kota Bharu kamen noch Trommeln und Trommelbau und der Nationalsport, der über ganz Malaysia seine Verbreitung hat, aber dessen Ausgangspunkt wohl Kota Bharu war und ist, nämlich das Kreiseln. Zuerst wurde getrommelt. Etwa zehn Malayen in traditionellem Kostüm legten los. Mit schweren Holzklöppeln wurden den manngroßen Trommeln rhythmische Töne entlockt. Wir waren nicht die einzigen Touristen, die sich für dieses Schauspiel interessierten. Gut zwanzig weitere hatten sich eingefunden, saßen oder standen rund um das Flugdach und lauschten wie auch wir den Trommlern. Nach der Trommelvorführung durfte jeder, der wollte, mittrommeln. Ein malayischer Trommler reichte seine Klöppel an den nächstehenden Touristen und bot ihm an, seinen Platz zu überlassen. Der wollte aber nicht wirklich und so dauerte es eine Weile, bis einer der Umsitzenden zur Trommel eilte und in die Musik der anderen Trommler einstimmte. Ein tiefes, rhythmisches Trommeln, dessen Töne sich in den Boden gruben und im Dschungel gewiss über hunderte Meilen zu hören sein mussten, weil es tiefer klang als alles andere, was der Dschungel an Lauten von sich geben kann. Dem Trommeln folgte die Vorführung der Kreisel. Die Aufgabe ist es dabei, jeweils seinen Kreisel derart in Bewegung zu versetzen, dass dieser möglichst lange kreisend auf seinem Spitz steht. Könner lassen ihre Kreisel gut zwei Stunden und länger kreiseln. Dazu wurde ein langes Seil mit größter Kraftanstrengung um den Stiel des Kreisels gewickelt. Mit einem Ruck schleuderte der Spieler den Kreisel dann von sich, wobei er das Ende des Seils fest bei sich hielt. Dadurch musste sich das Seil noch im Flug des Kreisels abwickeln, woraus das Drehmoment entstand. Der Kreisel wurde auf das platte Sandpodest in der Mitte der Wiese geschleudert. Ein Helfer des gleichen Kreislerteams sprang sogleich auf den Kreisel zu, um ihn mit einer dünnen Scharte Holz vom Sand wegzuheben und den Kreisel zu den anderen, sich bereits drehenden Artgenossen zu stellen. Dann hieß es warten. Die Kreiselmannschaften setzten sich rund um die Kreisel in das Gras und man beobachtete gespannt, wie sich die einzelnen Kreisel verhalten würden. Wer zuerst an Geschwindigkeit verlieren und damit bald umkippen würde und wer sich wacker hielt, bis alle anderen Kreisel längst gekippt waren.

Während die Kreisel sich also vor sich hindrehten, blieben in unserem Fall die Kreisler natürlich nicht untätig. Aus dem schon erwähnten Schuppen brachten sie Miniaturkreisel und kurze Seile und verteilten diese an uns Touristen. Damit konnten wir das Prinzip des Kreiselns mit Schnur quasi im

Westentaschenformat nachvollziehen. Damit war die kulturelle Aufführung auch schon wieder an ihrem Ende. Die Protagonisten verharrten fortan regungslos und beobachteten ihre Kreisel und die meisten anderen Touristen beschäftigten sich ausgiebig mit den erhaltenen Westentaschenkreiseln. Die Zeit war quasi im Kreiseln vergangen, die Zeit für den Mann bei der Autoverleihstation gekommen, Wort zu halten und uns das Auto in tipp-top repariertem Zustand wiederzugeben.

Der Mann in der Autoverleihstation hatte sich zwischenzeitlich wohl auch mit Kreiseln beschäftigt, jedenfalls dürfte auch ihm die Zeit etwas zu schnell vergangen sein. Von unserem Auto fehlte weit und breit jede Spur, aber wir brachten in Erfahrung, dass der Reparaturdienst den Wagen bald wieder zurückbringen sollte. Wo um alles in der Welt lag diese Werkstatt, in Kuala Lumpur? Wir mussten mindestens eine weitere Dreiviertelstunde auf das Fahrzeug warten, und das ist lang, wenn man den Tag eigentlich für ganz andere Dinge verplant hat. Dafür glänzte unser Auto bei der Rückgabe, hatte eine ordentliche Wäsche genossen und das Bremslicht strahlte wieder in den schönsten und üppigsten Rottönen.

Kota Bharu liegt am nördlichsten Punkt der malayischen Ostküste. Von nun an konnte es mit uns nur mehr bergab, sprich Richtung Süden gehen. Fünfhundert Küstenkilometer lagen vor uns, sämtlich mit einem breiten Strand gefasst und mit vielen kleinen vorgelagerten Inseln. Unser Reiseführer hatten von kleinen Paradiesen vor der Küste gesprochen, die wollten wir uns nicht entgehen lassen. Aber die Küste selbst bot schon einen sehr einladenden Anblick. Nebst der Straße, zu unserer linken Seite, wuchsen zumeist nur einige Palmen, gelegentlich gab es ein paar Holzhäuser, dann erstreckte sich schon der endlos lange und breite Strand. Gegen diesen

Strand rollte ein gemächliches Meer mit kleinen Wellen, aber stellenweise einer uneinladenden Braunfärbung von den Urwaldflüssen, die Sedimente bis weit vor die Küste in das Meer hinaustrieben. Unser erstes Ziel südlich von Kota Bharu war Kuala Besut. Kuala Besut liegt unmittelbar am Meer und betreibt einen kleinen Hafen mit Fischerbooten. Von hier aus kann man ablegen, um eine der vorgelagerten kleinen Inseln zu besuchen. Dies schien uns recht und billig. Wir vertrauten unseren Wagen einem der Fischer an, der sich anbot, ihn zu parken, und verluden unser Gepäck auf eines der Fischerboote, die bereitstanden, um uns und jeden, der da kommen wollte, auf die Inseln vor dem Festland zu bringen. Wir lösten ein Kombiangebot mit zwei Nächten, samt Verpflegung, Unterkunft und Bootstransfer, und warteten auf die Abfahrt. Zuvor hatten wir uns mächtig beeilt. Unser schlauer Reiseführer hatte uns in irriger Absicht bestimmte Uhrzeiten um die Mittagszeit als Abfahrtstermin genannt, und um eben jene noch zu erwischen, hatten wir uns gesputet, waren schnell gefahren, hatten in Eile unser Ticket gelöst und eben weil wir keine Zeit mehr zu haben glaubten, hatten wir unseren Wagenschlüssel vertrauensvoll dem Fischer gegeben. Jetzt, da wir an Bord des Bootes saßen, relativierte sich unsere Eile. Niemand dachte daran, auch nur annähernd pünktlich abzulegen. Durch einen dicken Schlauch unter unseren Füßen wurde Treibstoff in das Boot gepumpt, auf dem Heck wurden Kisten verstaut und verladen. Eine Gruppe am Bug hatte sich niedergelassen, um Früchte zu verzehren, und wir hatten uns abgehetzt.

Nein, nein, wer glaubt, in einem so fernen Land würde Zeit keine Rolle spielen, wer glaubt, die Malayen hätten Ähnlichkeiten mit südeuropäischen Mentalitäten, der irrt gewiss. Wie wir jetzt und im Nachhinein wissen, sind Malayen sehr gewissenhafte und pünktliche Zeitgenossen. Es versteht sich daher nicht von selbst, dass wir an einem Tag zum zweiten Mal warten mussten, es handelte sich vielmehr um einen Zufall. Vielleicht hatte sich auch der Autor unseres Reiseführers geirrt oder die Abfahrtszeiten waren in der Zwischenzeit geändert worden. Besonders die Fischer haben in Malaysia nämlich einen guten Grund, die An- und Abfahrtszeiten ihrer Boote genau einzuhalten. Vor der Küste erstrecken sich Sandbänke und diese können sie mit ihren Schiffen nur dann durchkreuzen, wenn sie in Abstimmung mit Flut und Ebbe den richtigen Zeitpunkt für das Auslaufen oder Zurückkehren finden. Dazu will ich gerne später, bei unseren Ausflügen auf die Insel Kapas, noch mehr erzählen.

Unser Boot lief aus. Der Motor ratterte und das ganze Schiff erzitterte, während wir uns rückwärts von der Hafenmauer wegschoben, eine kleine Vorwärtsrunde drehten und sich der Bug gegen das offene Meer hin in Richtung der Inseln Perhentian zuwandte. Das Meer war ruhig, vom Himmel stach die Sonne mit inzwischen hinlänglich bekannter Kraft herab, aber eine leichte Brise ließ die Hitze erträglich sein. Nach einer Stunde Fahrt, nach einer Stunde ohrenbetäubenden Knatterns und Ratterns des Schiffsmotors, liefen wir zwischen den Schwesterinseln Perhentian ein. Die Inselgruppe Perhentian besteht aus zwei Inseln. Der Perhentian besut und der Perhentian kecil, was so viel bedeutet wie große und kleine Perhentianinsel. Das Wasser war kristallklar, bereits weit vor der Insel konnte man den Meeresboden erblicken und Fischschwärme vor dem Schatten des Bootes ausweichen sehen. Die Inseln selbst waren schlichte Hügel, über und über mit Urwald bedeckt und von einer weißen Sandbank umzogen.

Entlang dieses glitzernden, ja blendenden Sandbandes standen einige Holzhütten. Insbesondere auf der kleinen Schwesterninsel gab es nicht mehr als Holzhütten und das Dorf, ein Dorf ohne Fahrzeuge, bestehend aus vielleicht fünfzehn Hütten. Auf der Großen Perhentian, dort, wo wir anlegten, gab es sogar eine Art Landungssteg, gemeinschaftlich von den Betreibern der Unterkünfte errichtet. Drei Facilities standen zur Auswahl, von einfachsten A-Frame-Hütten über Holzbungalows in gleicher Bauweise bis hin zu unserer Unterkunft. Kleine gemauerte Bungalows direkt am Strand oder in den dschungelbewachsenen Anhängen der Insel gebaut. Unser Bungalow befand sich im Dschungel. Unmittelbar am Rand des Pools, der vielleicht in einigen Jahren einmal einer werden würde. Jetzt blickte man im Vorbeigehen nur in ein tiefes Loch im Urwaldboden, mit abgestandenem Wasser darin und ersten Mauerstücken, die wie voreilig gemauert erschienen, im Vergleich zum übrigen Arbeitsfortschritt.

Frösche lieben Mauernischen. Zu dieser Erkenntnis kamen wir, als wir die Türe zu unserem Bungalow öffnen wollten. Ein Frosch, der ungesehen direkt über der Tür im Eck zwischen Wand und Decke saß, fühlte sich wohl gestört, mochte seinen Bungalow mit nichts und niemandem teilen und ließ sich todesmutig auf uns fallen. Auch wir ließen etwas fallen, und zwar unsere Gepäckstücke, und sprangen mit erschrockenem Schrei nach hinten weg, ehe wir das harmlose, aber tapfere Tier ausmachen konnten und hüpfend und quakend im Wald verschwinden hörten. Es hätte ja auch eine giftige Schlange oder dergleichen sein können. Nichts hinderte uns nunmehr, den Bungalow zu beziehen. Ein sauberes Häuschen, mit großem, breitem Balkon und ebenso großen Fenstern, die viel Licht in den Raum ließen.

Kein Auspacken hielt uns auf, wir wechselten in unsere Badekleidung und stürmten den Strand. Herrlich. Feiner weißer Sand, badewannenwarmes, glasklares Wasser, Strohschirm, um uns vor der gleißenden Sonne zu schützen, und Liegestühle, die damals noch weiß waren und ohne religiöse Muster und Aufdruck, wie wir sie zurückließen. Wir waren im Paradies gelandet. Wir breiteten unsere Strandmatten neben den Liegen aus. Wir badeten, spazierten am Strand, schnorchelten entlang dem Hausriff dem offenen Meer entgegen, kurzum, wir genossen den Tag und später das abendliche Buffet, welches wir mit unserem Ausflugspackage erworben hatten. Die Unterkunft schien uns zwar etwas teuer, gemessen an den Preisen, die wir bislang pro Nacht entrichteten, aber dafür lag sie inmitten des Paradieses.

Zehnter Tag

Regen im Paradies. Wolken hatten den Himmel verhangen, verbreiteten ein düsteres Licht. Wir saßen am Strand, missbrauchten den Sonnenschirm als Regenschirm, hatten unsere vor Ort erstandenen Strohmatten auf die nassen Liegen gelegt und wurden trotz Schirm angeregnet. Wir beobachteten das völlig ruhige Meer, in dem die Regentropfen kleine Kreise zogen. Aber noch jemand ganz anderer zog seine Kreise in jenem Meer. Just da, wo wir uns am Vortag noch schnorchelnd und schwimmend an der Unterwasserflora und Fauna begeisterten, zogen zwei unheilvolle, aus dem Meer ragende schwarze Flossen bedächtige Kreise. Gelegentlich gesellte sich noch eine dritte Flosse zu den beiden dazu, tauchte dann wieder ab, um wenig später sehr nahe am Ufer wieder aufzutauchen und parallel zum Strand zu patrouillieren. Eine dunkle, scharfkantige, spitze Flosse, wie ein Dreieck, das die Wasseroberfläche fast ohne Wellengang zu schneiden vermochte. Delfine? Haie? Wir konnten es nicht mit Gewissheit sagen, erst viel später erfuhren wir, dass in den Gewässern rund um die Inseln viele Haie ihre Brutstätte hatten. Diese Tiere würden aber den Menschen in ihrem Element akzeptieren und wären weitgehend ungefährlich, erzählte uns später ein Malaye, der schon jahrelang auf einer der Inseln eine kleine Unterkunft betrieb.

Auch gegen Mittag wollte sich keine merkliche Besserung der Wettersituation einstellen. Die spitzen Flossen im Meer hatten wieder das Weite gesucht, weit draußen vermochten wir ab und dann noch ihre Kreise zu erblicken. Im Prinzip störte der Regen kaum, nur verlor durch das trübe Licht dieses Paradies seinen Reiz. Das vortags glasklare, hellblaue Meer spiegelte nun einen mittelgrauen Himmel, der weiße

Sand am Strand hatte seine Leuchtkraft mit einem Schlag eingebüßt. Die wenigen anwesenden Touristen ereiferten sich in Strandspaziergängen oder rumpelten im warmen Meerwasser der Bucht. Auch uns konnten die Flossen nicht weiter abschrecken; bald schwammen wir im Meer, bald lagen wir mit den Strandmatten auf den Liegestühlen. Aber es sollte und wollte keine richtige Badestimmung aufkommen. Stets nass fühlten wir uns unwohl und als auch nach der Mittagspause, die wir schon beinahe traditionell mit Kartenspielen verbrachten, keinerlei Besserung des Wetters in Sicht kam, stellte sich uns die Frage, was wir tun sollten. Wir konnten warten, in der Hoffnung, das Wetter würde sich noch am gleichen Tag oder wenigstens in den nächsten Tagen wieder bessern, oder wir konnten in der Hoffnung, dem Schlechtwetter damit zu entkommen, unsere Reise Richtung Süden weiter fortsetzen. Eine schwere Entscheidung, die uns aber angesichts der hohen Zimmermiete etwas erleichtert wurde. Wir beschlossen, abzureisen, mit dem Boot am frühen Nachmittag zurück zum Festland zu fahren und auf diesem Weg unser Glück mit dem Wetter zu versuchen.

Das alles schien wesentlich leichter gesagt als getan und der Teufel steckt nur zu oft im Detail. Unser persönlicher Detailteufel hatte sich in Form unserer Strandmatten zu uns gesellt. Als wir Kota Bharu verließen, hatten wir für wenig Geld diese Strohmatten erstanden, weil wir nicht ahnen konnten, welche Infrastruktur auf den Inseln geboten werden würde. Diese Badematten besaßen zumindest auf der einen Seite religiöse Aufdrucke in den kräftigsten Farben. Nicht weiter tragisch, denn man konnte diese Seite für gewöhnlich ja in den Sand legen. Tragisch hingegen werden Aufdrucke, wenn sie sich in Verbindung mit Regenwasser aufzulösen beginnen, durch die Strohmatte fließen und die vormals blank weißen Liegestühle ebenso anmalen wie die auf ihnen Liegenden und deren Badekleidung. Zu spät. Als wir die Tücke des Elements bemerkten, hatten sowohl wir selbst als auch unsere Liegestühle die einprägsame religiöse Musterung in unkenntlicher Verwischung bereits angenommen. Eine rasche Evakuierung unsererseits in das Meer bzw. in den äußersten Rand desselben wegen der wieder patrouillierenden Flossen beugte einer nachhaltigen Kriegsbemalung von uns selbst vor. Weniger Glück hatten da schon unsere Badekleidung und die Liegestühle. In der Badekleidung sind selbst heute noch die Flecken der religiösen Bemalung auszumachen, die sich um nichts in der Welt mehr aus dem Stoff herausbringen ließ. Tja und die Liegestühle, wir konnten nichts mehr für sie tun und wir haben seither jenen Ort vorsichtshalber auch gemieden.

Kaum hatten wir das Festland erreicht, als der Regen auch schon nachließ, um kurz darauf ganz aufzuhören. Die Sonne ließ sich davon nicht beeindrucken und dachte offenbar gar nicht daran, hinter dem dichten Wolkenvorhang hervorzuschauen. Wir wissen nicht, ob unser Auto in der Zeit unseres Inselaufenthaltes weiterverliehen worden war oder dem Dorf an der Küste als gemeinschaftliches Taxi diente. Als wir von der Überfahrt zurückkehrten, stand es jedenfalls bereit und die Schlüssel wurden uns anstandslos gegen eine kleine Aufbewahrungsgebühr ausgehändigt.

Unser nächstes Ziel hieß Kuala Terenganu, die Hauptstadt von Terenganu. Dereinst ein belebtes Fischerdorf hatten Ölfunde vor der Küste explosionsartiges Wachstum in die Stadt gebracht. An vielen Ecken und Enden standen neue, schöne Gebäude, viele Hotels und Pensionen boten sich uns an, aber wir waren unschlüssig. An Übernachtungsmöglichkeiten mangelte es in Kuala Terenganu augenscheinlich nicht und angesichts dieses üppigen Angebots ließen wir uns auch nicht hetzen. Wir wussten, dass wir hier auf alle Fälle leicht eine Unterkunft finden würden. Wir wussten aber auch, dass wir nach Möglichkeit mehrere Tage in Kuala Terenganu bleiben wollten. Kuala Terenganu liegt direkt an der Küste der Ostseite, etwa auf halber Höhe zwischen der nördlichen Grenze Malaysias zu Thailand und dem südlichen Nachbarstaat Singapur. Damit lag auf der Hand, dass sich diese Stadt wie kaum eine andere eignen sollte, die Ostküste näher kennenzulernen. Die Ursprünglichkeit der Stadt hatte sich erhalten, die modernen Gebäude hatten nichts verdrängt, sondern den Ort bereichert und von hier aus konnte man laut unserem Reiseführer viele Touren unternehmen. Touren auf einem der großen Flüsse in den Dschungel des Landesinneren, Touren zu dem großen Stausee an der nördlichen Provinzgrenze, Ausflüge in die südlich gelegenen kleinen Fischerdörfer und von dort wiederum die Überfahrten zu den vorgelagerten Inseln. Ein dicht gedrängtes Programm, das wir uns vorgenommen hatten, aber zuvor galt es eine saubere, günstige und zentral gelegene Unterkunft zu finden. Großes Glück war uns beschert. Wir entdeckten das Travellors Inn, ein Hotel, das sich die Aufschrift Hotel versagte und daher von uns fast übersehen worden war. Am Rande der Stadt, aber nicht weit vom Zentrum entfernt, nur durch eine Straße vom Meer getrennt und mit Zimmerpreisen, die uns den Versuch des Handelns vorwegnahmen. Die Zimmer mit angegliedertem Bad waren ganz neu, zu unserer großen Freude mit Fliesenboden und keinen Lüftungsschlitzen, und besaßen Kühlschränke mit Gratisgetränken, lokales Fernsehen und eine via Fernbedienung zu regelnde Klimaanlage. Was wollten wir mehr? Im Erdgeschoss des Hauses befand sich zudem eine Wäscherei. Das Travellors Inn sollte auf allen unseren folgenden

Reisen stets ein Fixpunkt werden. Hier wussten wir uns in guten Händen. Die Betreiber des Hotels erfüllten uns alle Wünsche. Unsere Wäsche wurde gereinigt, von einem Bekannten des Hotelbetreibers wurden Reparaturarbeiten an unserem Reisegepäck vorgenommen und man stand uns mit Rat und Tat in allen Belangen zur Seite. „Your home far from home", der Werbespruch dieses Hauses war beileibe kein leerer Sager und nicht ein Insekt trübte uns seither dort den Aufenthalt.

Noch am Abend unserer Ankunft schlossen wir aber mit ganz jemand anderem Bekanntschaft. Mit Rani. Vom Hunger getrieben durchzogen wir die Stadt auf der Suche nach kleinen Restaurants, nach Straßenständen, bis wir erkannten, dass jeden Tag ab 18.00 Uhr ein bestimmter Straßenzug für den Fahrzeugverkehr gesperrt wurde. In Windeseile entrollten die Straßenküchen dann ihre Sessel und Stühle und warfen ihre Grille an, um neben Fisch und einfachen Nudelgerichten die wohl schmackhafteste Landesspezialität Malaysias zuzubereiten. Satay. Satay entspricht einem kleinen Holzspiel mit je nach Art und Weise Hühner- oder Rindfleisch. Dieses Fleisch muss zuvor in eine spezielle Zucker-Gewürzmischung getaucht werden und wird dann am Grill gut angebraten. Zu diesen kleinen Spießchen, die im Dutzend serviert und auch verzehrt werden, gehört nach Landestradition ein Schälchen Erdnusssoße und, je nach Wunsch des Gastes, Baoam, Gemüse. Gemüse bedeutet dabei zumeist Gurke und Zwiebel, die in grobe Stücke zerschnitten gereicht werden. Fünfundzwanzig dieser Straßenküchen finden auf dem gesperrten Straßenstück Platz, wobei die Küche eigentlich nicht einer traditionellen Straßenküche entspricht, denn um ein gewisses Maß an Ordnung und Sauberkeit zu gewährleisten, wird in einer Art Küchenzeile gekocht. Klein wie

Traffiken reihten sich hier die fünfundzwanzig Grills aneinander. Grill Nr. 21 wurde unser Favorit. Schon am ersten Abend hatten wir uns bei Nr. 21 eingefunden und dessen Satay Ayam (vom Huhn) gegessen. In den Folgetagen probierten wir die Nachbarküchen aus, aber Küche Nr. 21 konnte niemand das Wasser reihen. Hinter dem Grill in Küche Nr. 21 stand Rani. Sein Sohn half zu servieren und seine Frau kochte die Suppen und die Nudelgerichte und kümmerte sich um alle Belange in Bezug auf Gemüse. Zu unseren Satay genossen wir frische Ananas und Lycheesäfte, die ungekühlt, dafür aber mit einer ordentlichen Portion Eis serviert wurden.

Kühlgeräte gab es in dieser Küchenzeile keine. Jeden Tag am Morgen und späten Nachmittag kam der Eiswagen, ein offener Lkw, auf dessen Ladefläche riesige Eisblöcke lagerten. Halb abgedeckt mit einer grünen Plastikplane, um die Eisblöcke vor dem Straßenstaub zu schützen und ihnen gegenüber der Sonne ein etwas längeres Leben zu ermöglichen, verließen jeden Morgen mehrere dieser Lkws die Eisfabrik am Rande der Stadt. Diese Eisblöcke wurden vor die Hintertüren der Straßenküchen geliefert. Mit Schwung und einer entsprechenden Eiszange warf ein Arbeiter das vom Koch bestellte Stück mit viel Geschick in die rechte Position. Dabei musste er den Schwung und den Fall im letzten Moment mit der Eiszange derart auffangen und abfedern, dass das bestellte Stück beim Aufprall hinter dem Häuschen nicht in tausend Stücke zerstob.

Wenn ein Gast, wie wir, Eis in seinem Getränk wünschte, wurde der Eispickel ausgefasst. Eine Aufgabe für Ranis Sohn. Nach kurzen, aber heftigen Hackgeräuschen wurden die Getränke dann serviert; mit einem oder mehreren Stücken des großen Eisblocks darin. Vor dieser Art Eis versuchte unser Reiseführer uns vergeblich und umsonst zu warnen. Vergeblich, weil wir angesichts der selbst nach der Dämmerung hohen Temperaturen nicht auf ein kühles Getränk verzichten wollten, und umsonst, weil uns trotz unseres exzessiven Eissplittergenusses keine nennenswerten Krankheiten heimsuchten.

Rani erkannte, dass uns die meisten Angebote auf seiner Speisekarte noch unbekannt waren, und so bekamen wir immer wieder Kostproben der verschiedensten Gerichte. Dazu versuchte Rani, uns in die Geheimnisse der Landessprache einzuweihen. Ein schwieriges Unterfangen, denn während die Schulkinder aufgrund des hervorragend ausgebauten Schulsystems Englisch als erste Fremdsprache lernen mussten, gab es zu Ranis Schulzeiten diese Errungenschaft noch nicht. Ranis Sohn wurde zum Dolmetscher. Wir stellten eine Frage, Rani zuckte die Achseln und schickte seinen Sohn. Der übersetzte unsere Frage und Rani antwortete und diesmal zuckten wir mit den Achseln, bis Ranis Sohn zwischen seiner Servierarbeit wieder zur Stelle war.

Auch in Kuala Terenganu gab es guten Kuchen. Eine Filiale einer Bäckereikette, Sweden, unweit von Ranis Straßenimbiss lockte mit Kuchen und Törtchen, mit Rosinenbrot und leckeren Keksen. Bald schon glich der Kühlschrank in unserem Zimmer im Travellors Inn einer wahren Vorratskammer. Frische Früchte stapelten sich neben Schokokuchen, Tortenschnitten und Keksen. Sehr empfehlenswert, aber zu gut, um es im Kühlschrank lagern zu können, waren frisch gemachte Waffeln mit Soßen. Ein Waffenverkäufer hatte unmittelbar am Ausgang eines der Supermärkte der Stadt seine Gerätschaften ausgepackt und wir konnten nicht widerstehen. Warme frische Waffeln, gefüllt mit einer Soße nach Wahl, entweder Kokos, Honig oder Beerenmark. Kokos entwickelte sich schnell zum absoluten Favoriten.

Elfter Tag

Angesichts der Mengen, die wir am Vortag gegessen hatten, erachteten wir es als angebracht, uns durch eine kleine Wanderung etwas Ausgleich zu verschaffen. Vor den Toren der Stadt boten sich dazu gleich zwei Möglichkeiten. Wir konnten den etwas nordwärts gelegenen Kenyr-Stausee besuchen oder den im Westen gelegenen Sekayu-Wasserfall. Der Sekayu-Wasserfall verhieß eine kleine Wanderung das Bachbett entlang stromaufwärts und vielleicht sogar ein erfrischendes Bad in einem der natürlichen Becken. Unsere Wahl fiel auf den Wasserfall; sollten wir uns dort wider Erwarten nicht länger aufhalten, so konnten wir am Nachmittag immer noch den Staudamm ansteuern. Nach kurzer und wenig aufregender Anfahrt erreichten wir das Parkgelände, das rund um die Sekayuwasserfälle errichtet worden war. Besonders die Einheimischen liebten es hier, an Wochenenden zu kampieren, und so hatte die städtische Parkverwaltung unter den hohen, Schatten spendenen Bäumen im Gras Feuerstellen und Sitzplätze eingerichtet. Ein kleiner Teich, gespeist vom Sekayu, eröffnete den Kampierenden die Möglichkeit zum Tretbootfahren, zur Unterhaltung der Kleinsten gab es einen Streichelzoo, für die wissbegierige Jugend war ein Naturlehrpfad mit ausgeschilderten Bäumen eingerichtet, Toilettenanlagen sorgten sich um die Bedürfnisse aller und einfache, mietbare Bungalows und Mehrbettzimmer rundeten das Freizeitangebot ab. All diese Einrichtungen trug im Wesentlichen die Stadt Terenganu. Vom kleinen Eintrittsgeld, das man uns abverlangte, konnte der Park nicht finanziert werden. Bei unserer Ankunft präsentierte sich der Park annähernd leer. Nur einige wenige hatten auch während der Woche Zeit gefunden, hierherzukommen. Uns recht, dachten wir, verkleideten uns wieder langärmelig und mit langen Hosen, tauschten unsere Turnschuhe gegen die Bergschuhe und achteten diesmal peinlich genau darauf, die Hosenbeine in die Socken zu stecken, um möglichst wenig Angriffsfläche für die angeblich am Sekayu-Wasserfall sehr verbreiteten Blutegel zu bieten. Schon nach dem Umziehen war uns derart heiß, dass wir am liebsten in den Wagen zurückgestiegen wären, um uns von der Klimaanlage verwöhnen zu lassen.

Hinter den mietbaren Bungalows zweigte der schmale Weg in den Dschungel ab. Breit genug, um – ohne ans Geäst zu streifen – vorwärtszukommen, aber zu schmal, um nebeneinanderzugehen. So brachen wir im Gänsemarsch auf zu unserer zweiten Wanderung in den Dschungel. Der Weg führte in Kaskaden mal nach rechts, mal nach links. Bald hörten wir das Rauschen des Wassers stärker, bald weniger stark. Jedenfalls hielt der Weg konstant bergauf, an einigen Stellen unterbrachen schmale Zuläufe zum Sekayu den Pfad. Dann halfen Bretter, Seile oder auch nur große Steine, die in den Zulauf gelegt worden waren, den Anschluss an das andere Ufer zu finden. Schweiß rann uns aus allen Poren. Die Kleidung klebte an der Haut, die Kopfbedeckung schien mit den Haaren zu verschmelzen. Bei jedem Schritt wachten wir über das Blattwerk zu unseren Seiten und über unseren Köpfen. Wir hatten gelesen, dass sich die Blutegel nicht nur von oben auf Passanten fallen ließen, auch vom Wegesrand drohte die Gefahr des fallenden Egels und anhalten sollte man auf Dschungelpfaden so unmittelbar am Wasser ohnedies nicht. Zu schnell konnten sich Blutegel über das Schuhwerk an für sie nahrhafte Beine vorarbeiten.

Das Lärmen des Urwalds hatte uns eingefangen. Kein mechanischer Laut drang an unsere Ohren, nur das Rauschen des Wassers und die Geräusche Tausender Insekten und

Vögel, die über den Waldboden eilten, sich von Blatt zu Blatt hangelten oder in luftigen Höhen von Ast zu Ast flogen. Ameisenstraßen, acht- und mehrspurig, kreuzten unseren Weg, bunte Spinnen, handtellergroß, hingen in ihren Netzen am Wegrand. Je weiter wir in den Dschungel vordrangen, desto heißer schien es zu werden. Obwohl das dichte Blätterdach den Gutteil der Sonne abfing, die schwüle, feuchte Luft, der stetige Anstieg und wohl auch die Furcht, eines der Insekten könnte Gefallen an uns finden, ließen uns von Schritt zu Schritt erschöpfter werden. Als der Weg besonders nahe am Wasser entlanglief, entschieden wir uns daher zur Rast. Wir verließen den Weg, um uns mit wenigen Schritten Zugang zum Ufer zu verschaffen, und mit einem kleinen Sprung auf ein im Wasser liegendes Felsplateau brachten wir genügend Sicherheitsabstand zwischen uns und das bevölkerte Grün. Der Nachteil, über dem Plateau gab es kein vor der Sonne schützendes Blätterdach. Dafür konnte man, hüpfend von Stein zu Stein, bis gut und gerne in die Mitte des Sekayu gelangen. Die Steine mitten im Wasser boten eincn guten Rastplatz. Wir entledigten uns unserer kleinen Wanderrucksäcke, stärkten uns mit den mitgebrachten Säften, legten die Bergschuhe ab und ließen die Füße ins Wasser baumeln. Meterhohe Farne, Palmen und andere fremdartige Pflanzen säumten das Ufer und die tropische Hitze spornte unseren Schweiß zu rekordverdächtigen Ausbrüchen an.

Zwölfter Tag

Perhentian, eine Wolkendecke auf der Fahrt nach Süden, nach Kuala Terenganu. Dort zuerst Sonnenschein, dann eine milchige Wolkendecke und am Abend, während wir bei Rani saßen, verhüllten schwere Gewitterwolken die Sterne. Ein kurzer Regenguss mit zuckenden Gewitterblitzen ließ uns in das Hotel flüchten. Tags darauf wieder Sonnenschein und lockere Bewölkung. Die Sonne lugte zwischen den Wolken hervor, um im selben Augenblick wieder hinter neuen Wolken zu verschwinden. Ein Wechselspiel, das dem eigenwilligsten Aprilwetter bei uns zu Hause mit Leichtigkeit das Wasser gereicht hätte. Nur eben spielte sich dies alles stets bei Temperaturen um dreißig oder mehr Grad ab. Wolken verhießen Schatten, und Schatten verhieß zumindest eine scheinbare Abkühlung. Wir dankten jeder Wolke und genossen ihr zügiges Spiel am sonst blauen Himmel. Die Farben in diesem Land konnten nicht eindrucksvoller sein. Das satte und durchtränkte Grün des Urwaldes, das rote, stellenweise fast orange Sand- und Lehmufer des Flusses, die weißen Steine, die daraus hervorragten, umspült von klarem Wasser. Der blaue Himmel, auf dem sich die Wolken klar und weiß abzeichneten. Zu den eindrucksvollen Farben kamen die sauerstoffsatte, süßlich duftende Luft und die Geräusche, jene unnachahmlichen Laute, das wiederkehrende Rasseln, die Pfeiftöne und Vogelschreie, das melodische Zirpen der Insekten und das unheimliche Rascheln der Blätter. Allesamt Eindrücke, die unsere Rast so deutlich von einer Rast in heimischen Bergen und Wäldern abhoben, wie es merklicher kaum sein konnte.

Wir brachen wieder auf, um noch weiter in den Dschungel vorzudringen. Irgendwo mussten wir doch noch auf den

Wasserfall treffen, der uns im Prospekt der städtischen Tourismusbehörde angepriesen worden war. Oder sollten die Stromschnellen rund um unseren Lagerplatz schon der Wasserfall gewesen sein? Das konnten wir nicht glauben. Wir wanderten weiter, folgten dem Weg, der stellenweise schon sehr schmal wurde. Immer öfter überwucherte Geäst den Pfad oder legten sich umgestürzte Bäume quer über den Weg. Es wurde immer schwieriger, dem Pfad zu folgen, bis ich schließlich resigniert aufgeben musste. Eine Fortführung des Weges war selbst bei gewissenhafter Umschau nicht mehr möglich. Der Dschungel hatte sich sein Land zurückgeholt und ganz ohne Weg, auf eigene Faust den Sekayu entlang, das wagten wir dann doch nicht. Wir mussten umkehren. Keine Spur des Wasserfalls.

Gelegentlich einige Stromschnellen, die uns auch schon beim Hinweg aufgefallen waren, aber von einem Wasserfall, als uns als Ausflugsziel der Rede wert schien, fanden wir keine Spur. Bei unseren folgenden Erlebnissen sollten wir noch öfter merken, dass wir insbesondere bei Wassernaturschauspielen, die wir aus unserer gebirgigen Heimat kannten, keine allzu hohen Erwartungen stellen durften. Vermutlich bezeichnen die Malayen eine der Stromschnellen eben als Wasserfall und es sind ihnen die in Verbindung mit kargstem Bergland entstehenden Wasserfälle über viele Meter hohe Felswände, so wie wir diese kennen, eben in natura unbekannt. Der Sekayu bot jedenfalls keinen Wasserfall, oder wir hatten den falschen Weg eingeschlagen oder waren nicht weit genug in den Dschungel vorgedrungen.

Wenig nach Mittag kehrten wir in unser angenehm gekühltes Hotelzimmer zurück. Wir hätten auch direkt zum Kenyr-Staudamm weiterfahren können, dabei hätten wir sogar einige Kilometer Fahrstrecke gespart, aber wir hatten beide das dringende Bedürfnis, zu duschen und trockene Kleidung anzulegen. Unsere zur Wanderung mitgenommen Wechsel-T-Shirts waren längst allesamt verschwitzt. Eine kühle Dusche und trockene T-Shirts und Hosen hatten eindeutig Vorrang gegenüber etwas gewonnener Wegzeit und da gab es ja auch noch die Törtchen im Kühlschrank. Zwischenzeitig konnten wir die nassgeschwitzten Kleidungssachen auch noch zum Trocknen aufhängen. Ein schwieriges Unterfangen, denn in der an sich feuchten Luft dauerte es Tage, bis einzelne Kleidungsstücke, insbesondere Hosen, durch und durch trocken waren.

Beim Verlassen der Stadt auf dem Weg zum Kenyr-Staudamm kehrten wir noch schnell in ein indisches Lokal ein. Murtaback, eine indische Köstlichkeit, zum Großteil bestehend aus Eiern, die mit weiteren Zutaten vermischt zu einer Art Omelett gebraten wurden, in das, bei weiterem Braten, verschiedene Füllungen eingeschlagen werden konnten, gab uns neue Kraft für den zweiten Ausflug des Tages.

Der Kenyr-Staudamm lag etwas nördlich von Kuala Terenganu und etwas weiter im Landesinneren. Wie schon an der Verbindungsstraße zwischen West- und Ostmalaysia gesehen, hatte man auch am Kenyr-Staudamm die hügelige Landschaft des Urwaldes ausgenützt. Eine kleine, strategisch ideal positionierte Mauer ermöglichte es so, dass unzählige kleine Absenkungen und Täler überflutet wurden und ein der Größe und der Verwinkelung nach unübersehbarer Stausee entstand. An einem besonders günstigen, weil leicht von der Straße erreichbaren Standort hatte man in traditioneller Holzbauweise einen Informationsstand errichtet. Ein mittlerer Holzbungalow mit einem Kiosk für Souvenirs und Ansichtskarten, mit hygienischen Sanitäreinrichtungen und einem Informationsstand samt Ausstellung über die

Überflutung. Direkt am Seeufer konnten Boote zu den verschiedensten Sehenswürdigkeiten oder auch nur zum Angeln gechartert werden. Nicht ganz günstig, aber den Anglern wurde größtes Anglerglück in Aussicht gestellt, schienen die Fische in dem Wasser doch prächtig zu gedeihen. Auch wir charterten ein Boot, um bei einer kleinen Seerundfahrt nähere Eindrücke von diesem Gebiet zu erhalten. Der malayische Bootsfahrer, vielleicht zwischen zwanzig und dreißig, hieß uns einsteigen, warf den Außenbordmotor an und in rasender Fahrt steuerte er das Boot auf den See hinaus. Durch die Überflutung der Täler ergab es sich, dass der See nicht irgendwie rund oder oval in sich schlüssig vor uns lag, sondern er präsentierte sich in Form langer, breiter Arme, die sich nach allen Richtungen ausstreckten. Mit knatterndem Motor bogen wir in einen der Arme ein und folgten dessen Verlauf, vorbei an Fischzuchtgehegen und gelegentlichen Behausungen am Ufer, an das im Übrigen der Urwald heranreichte. Nach der nächsten Linkskurve öffnete sich der Arm weit und gab viele neuerliche Verzweigungen preis. Der Malaye wusste, wohin er fuhr. Das Boot peitschte durch die Wellen und Wasser spritzte uns von links und rechts des Bugs entgegen. Als sich vor uns, am Ende eines weiteren Armes, eine große, breite Seenfläche eröffnete, sahen wir auch wieder die stummen Zeugen der Überflutung. Wie ein verbrannter Wald ragten die fauligen Äste der ehemaligen Urwaldriesen aus der welligen Wasseroberfläche. Der Malaye drosselte die Fahrt, wohl um das Boot nicht von unter der Wasseroberfläche verästelten Baumkronen aufspießen zu lassen. Seltene Schmarotzerpflanzen hatten sich in wenigen besonders hoch über die Wasseroberfläche ragenden Ästen angesiedelt. Sie brachen den trüben und depressiven Anblick der sterbenden dunklen Riesen durch die hellen, grünen

Farben ihrer Blätter. Aber nur sehr wenige dieser Schmarotzer hellten dieses Bild des Untergangs auf. Auch hier mussten tausende Tiere um ihr Leben gelaufen sein, als das Wasser kam. Auch hier mussten Tierherden frei lebender Dschungeltiere von abgeschnittenen Inseln mit Flößen gerettet werden, auch hier hatten vermutlich tausende und abertausende Tiere und Insekten ihren Tod in den Fluten gefunden. Ein berührender Ort und einmahnender Friedhof, dessen Ruhe wir da störten.

In Gedanken malten wir uns die Welt unter unserem Boot aus. Stumm und still, ein dicker Lehmboden, angehäuft aus verfaulten Blättern und verstorbenem Getier. Darin verwurzelt die Baumriesen, einst mächtige Giganten, deren Äste im flauen Dschungelwind wogten, Tieren als Unterschlupf und Brutstätte dienten. Jetzt standen sie kahl da, ohne ein einziges Blatt, viele Äste vom Wasser zermorscht, abgefault, selbst schon in den Lehm gestürzt, schwarze Boten des Todes. Uns schauderte am helllichten Tag und wir waren froh, als der Malaye den Motor wieder einen Gang höher schaltete und der zügige Fahrtwind unsere morbiden Gedanken verbließ. Wieder waren wir einem Wasserfall aufgesessen. Erneut hatte sich ein am Seeufer angepriesener Wasserfall von unglaublicher Schönheit als Wasserfällchen erwiesen, als der Malaye uns mit seinem Boot darauf zusteuerte. Eine kleine Gesteinsstufe lenkte einen Urwaldbach in ein natürliches Becken, das vielleicht einen halben Meter unter der Gesteinsstufe lag und selbst wohl kaum mehr an Tiefgang aufwies, ehe der Überfluss des Beckens den See speiste, auf dem wir uns näherten. Zu unserer großen Verwunderung tummelten sich in diesem natürlichen Wasserbecken ohne Tiefgang drei jugendliche japanische Touristinnen. Mit Badeanzug und, wir hielten es in dem kniehohen Wasser kaum für möglich, mit Schwimmreifen. Ein wahrlich merkwürdiger Anblick. Ein Anblick, wie er uns noch öfter unterkommen sollte und der uns zu der Vernutung brachte, dass die Kunst des Schwimmens, wie sie in Europa fast jeder beherrscht, im asiatischen Kontinent längst nicht überall verbreitet ist. Wie wir später erfuhren, konnten selbst viele der Malayen, auch Küstenbewohner, nicht schwimmen.

Mit einem kurzen Besuch in der Fischfarm des Vetters unseres Steuermannes beendeten wir die Rundfahrt. Die Fahrgeschwindigkeit, verbunden mit dem leichten Wellengang, hatte uns ohnehin schon ausreichend durchgeschüttelt und die Zeit überdies rasch vergehen lassen.

Dreizehnter Tag

Noch war unser Durst nach Bootsfahrten nicht gestillt. In einem kleinen Dörfchen südlich von Kuala Terenganu, in Marang, boten örtliche Fischer Fahrten auf dem Marangfluss stromaufwärts bis in das noch wenig besiedelte Hinterland und in den tiefen Dschungel an. Der Besuch in einem alten malayischen Dorf am Flussufer sollte den Höhepunkt darstellen.

Der Ort, in dem die Reise begann, lag rund zwanzig Kilometer südlich von Terenganu. Ein kleiner, verschlafener Fischerort mit einem kleinen Hafen direkt an der Mündung des Marang. Von diesem Hafen aus konnte man auch die Überfahrten zur vorgelagerten Insel Kappas, einem kleinen Badeparadies, buchen. Zu früher Stunde im Hafen, denn wir wollten bei unserer Bootsfahrt ja in den Genuss kommen, möglichst viele Varane und andere Tiere im morgendlichen Ufergebüsch zu entdecken, machten wir Bekanntschaft mit einem schwedischen Ärztepaar. Zu viert gelang es uns in Kürze, mit einem der Fischer handelseinig über die Flussfahrt zu werden, und wenige Minuten nach Sonnenaufgang tuckerten wir bereits an den letzten Häusern der Ortschaft Marang vorbei flussaufwärts.

Der Marang wand sich in trägen, breiten Schleifen wie eine riesige, dunkelbraune Schlange zuerst durch die Felder und nach gut einer Stunde Fahrt durch das Unterholz des an den Fluss grenzenden Urwaldes. Unser Bootsmann stand am Heck des Schiffes, das Steuer fest in der Hand, denn Sandbänke in den dunklen Fluten machten die Fahrt flussaufwärts nicht ungefährlich. Mit geschulten Augen erkannte er dabei schon lange vor uns allerlei Tiere im Unterholz der Uferböschung oder auf abgebrochenen Palmen, die weit in den

Fluss hineinreichten. Die Varane, eine Echsenart ähnlich den Krokodilen, aber kleiner und angeblich auch wesentlich ungefährlicher, bevorzugten die erhobenen Palmenstiele als Rastplatz. Hier konnten sie sich von der morgendlichen Sonne in Ruhe aufwärmen lassen. Unser lautes Motorengeknatter störte sie dabei überhaupt nicht.

Hoch über unserem Boot kreisten Adler und ließen sich vom aufkommenden Wind tragen. In den überhängenden Bäumen am Ufer turnten Affen und immer wieder deutete unser Steuermann auf unscheinbare, für uns mit bloßen Augen kaum ausmachbare Tiere in den Ästen, die sich bei einem Blick durch den Fernstecher als Vögel oder Geckos erwiesen. Zwei Stunden dauerte die Reise flussaufwärts, als sich unser Steuermann anschickte, an einer vom Unterholz befreiten Stelle der Böschung anzulegen. Sogleich kamen helfende Hände vom Ufer entgegen, hielten das Boot in Position und befestigten ein langes Seil, das als Sicherung des Bootes diente, an einem umgefallenen Baum. Wir stiegen aus, und das Dorf empfing uns. Einer im Dorf konnte Englisch und er bot sich uns als Führer an. Wir folgten ihm zwischen den auf Stelzen gebauten Holzhütten in das Dorfinnere. Aus den Fenstern lugten Kinder und Frauen, Männer waren kaum zu sehen. Im Dorfladen, der wöchentlich per Boot mit Lebensmitteln beliefert wurde, bot man uns Rast an. Einige Sitzgelegenheiten im Bretterverschlag schienen aus dem Dorfladen zugleich das Hauptrestaurant zu machen. Wir blieben auf ein Getränk und setzten dann mit unserer Führung fort.

Der Einheimische erklärte uns die Nutzungsmöglichkeiten unterschiedlicher Dschungelpflanzen. Aus dem Saft des einen Baumes konnte er einen Stoff ähnlich unserer Seifen gewinnen und sogleich demonstrierte er uns eindrucksvoll, dass man auch Seifenblasen mit der Flüssigkeit machen konnte, die Blätter eines anderen Baumes ließen sich vortrefflich als Nagelfeile einsetzen. Wir staunten nicht schlecht, ob der Vielfalt an Möglichkeiten, die uns der einheimische Führer mit den Dschungelpflanzen vorführte. Er zeigte uns, wie man im Dorf aus kurzen Palmwedeln den bekannten Palmzucker brannte und wie man mit wenigen Handgriffen und mit einer scharfen Machete aus einer halbrohen Kokosnuss eine köstliche Nachspeise, samt Löffel zum Essen derselben, fertigen konnte.

Ein einfaches Leben voller Überraschungen. Während wir den frischen Kokossaft schlürften und die weiche Kokosmasse aus dem Inneren der Frucht löffelten, erzählte uns der Führer, dass man im Dorf nachts des Öfteren Tiger brüllen hören konnte. Früher sei es auch noch zu Überfällen dieser gefährlichen Raubtiere in das Dorf gekommen, mittlerweile hätten sich die Tiere aber weiter in das Landesinnere, in den noch undurchdringbareren Dschungel, zurückgezogen. Vieles, was uns der Führer erzählte, hörte sich sehr interessant an, manches war informativ und anderes wiederum durfte man ihm wohl nicht so recht glauben.

Wir besuchten einige der jüngeren Männer des Dorfes bei ihrer Arbeit. Sie hockten in schmalen, nur notdürftig befestigten, aber bis zu vier Meter tiefen Löchern und schwenkten im milchig weißen Grundwasser eine ausladende Schale. Goldsucher. Der Fluss hatte auf seinem Weg aus dem Urwald Gold mit sich gebracht und dabei mehrmals sein Flussbett verlegt. Im Laufe der Jahre hatte er die Ebene vor der Küste mit seinen Auswaschungen bedeckt und Gold über die gesamte Ebene verstreut. Einer der Männer verließ seinen Schacht, um uns seinen Tagesfund zu präsentieren. Die Arbeit schien sich für ihn zu lohnen. Die kleinen Goldnuggets konnte er dem Händler verkaufen, der die Lebensmittel ins Dorf brachte, so konnten sich schon einige Familien im Dorf eine Basis für ihre Existenz schaffen. Einige hatten daraufhin das Dorf verlassen, um näher in die Zivilisation zu ziehen, andere waren geblieben, stets in der Hoffnung, das Goldsucherglück würde ihnen noch mehr einbringen.

Auch der elfte Tag unseres Aufenthaltes sollte mit zwei Unternehmungen optimal genutzt werden. Kurz nach Mittag kehrten wir nach Marang zurück, den Kopf voller Eindrücke über das ursprüngliche Dorfleben. Ein fest gemauertes Restaurant, das Nil, direkt an der Küstenstraße und unmittelbar am Veranstaltungsplatz von Kuala Terenganu, wo in den Abendstunden gleich dem Münchner Oktoberfest Buden und Stände eröffneten, Ringelspiele Kindern kreisende Fahrten anboten und Marktschreier Hausfrauen den neuesten Küchenhelfer einzureden versuchten, kehrten wir in Nils Restaurant ein. Getönte Scheiben hielten die Mittagshitze draußen, eine leise Klimaanlage säuselte uns kühle Luft zu. Das Restaurant war gut besucht. Schon auf dem Parkplatz davor waren uns die imposanten Wägen aufgefallen, die dort abgestellt waren. Hier, an den Tischen im Restaurant, saßen die Eigentümer dieser Fahrzeuge, mit Krawatte, Anzug und wichtigen Aktentaschen, aber hier saßen auch Familien, deren Oberhaupt offensichtlich ein Mittagessen spendierte. Mit unserer Wanderkostümierung passten wir so gar nicht in dieses Lokal, und schon überkamen uns die schlimmsten Befürchtungen in Bezug auf die Preise der angebotenen Gerichte. Ein Blick auf die Speisekarte, die in Malayisch und in Englisch gehalten war, belehrte uns eines Besseren. Das Restaurant bot eine breite Auswahl an Fisch und Meeresfrüchtegerichten zu einem Preis, der nur wenig über dem an den Straßenmärkten lag. Sogleich orderten wir Tintenfisch,

Garnelen, Krabben, mehrere Getränke, just so, als wären wir nur die Vorhut und würden eine Bestellung aufgeben für mindestens zwei weitere Gäste, die noch zu uns stoßen würden, wenn sie nur einen Parkplatz gefunden hätten. Natürlich blieben wir allein. Der Tintenfisch zerging auf der Zunge und auch die anderen Meeresfrüchtegerichte, an die wir uns wagten, ließen den Wunsch nach mehr aufkommen.

In dieses Lokal sollten wir später noch öfter kommen, die Bedienung hatte sich mittlerweile daran gewöhnt, dass wir Bestellungen im größeren Umfang aufgaben und das Georderte auch vollständig aufaßen und wir wurden zu guten Gästen des Lokals.

Der Nachmittag war ungewöhnlich heiß. Sicherheitshalber nahmen wir unsere Badesachen auf die Erkundungsfahrt entlang der Küste Richtung Süden mit. Wir besuchten zuerst einige Küstendörfer und kehrten noch einmal nach Marang zurück, um uns den Ort selbst genauer anzusehen und um uns zu erkundigen, um welche Uhrzeit die Boote zur vorgelagerten Insel Kapas ausliefen. In einem Kiosk lernten wir dabei eine Engländerin, Sri Mentani, kennen, die vor einigen Jahren hier als Tramp durchzog, sich in einen Malayen verliebte und uns nun als Frau des Mannes samt kleinem Kind im Arm gegenüberstand. Wir unterhielten uns eine Weile mit ihr. Mit ihrer alten Welt hatte sie gänzlich gebrochen. Außer ihrem Englisch und ihrer Erinnerungen war ihr nichts geblieben. Ihre bisherige Kleidung, die Religion, ihre Weltanschauung, alles das hatte sie in eigentlich nur wenigen Jahren völlig verändert. Jetzt war sie eine angesehene Frau in Marang und betrieb eine Art Bootsvermittlung mit Schnorchelverleih und sie konnte auch Unterkünfte auf der Insel Kapas organisieren. Von ihr erfuhren wir auch die Bootsfahrzeiten. Als wir sie wieder verließen, mahnte sie uns noch, pünktlich zu sein, weil die Boote aufgrund der Ebbe nicht warten und erst später auslaufen konnten. Wir versprachen, pünktlich zu sein, und setzten unsere Erkundungsfahrt gen Süden fort. Dorf an Dorf reihte sich die Küste entlang. Von Zeit zu Zeit erblickten wir große Schulen, in die die Kinder aus der gesamten Umgebung zusammengesammelt wurden, und vereinzelt Batikläden am Straßenrand oder Straßenverkäufer, die gegrillten Mais anboten.

Häufiger passierten wir Trockenfischhändler. Die verschiedensten Trockenfische baumelten von den Holzgestängen und waren von Luft und Sonne in einem stinkigen Trocknungsprozess zu übel riechenden Fischstücken verdorrt. Diese Läden führten auch Krupuck, eine Art Chips aus Sardellen und Fisch. Krupuck muss man als Urlauber in Malaysia kosten. Man sollte nur auf alle Fälle genügend Flüssigkeit mit sich führen um den Geschmack, so er missfällt, ordentlich hinunterspülen zu können. Die Chips schmeckten sehr salzig und sehr intensiv nach Fisch. Wenigstens hatten wir genügend Trinkbares mit, um zu spülen. Einem der nächsten Maisverkäufer kauften wir nach dem Krupuck-Genuss zudem gleich zwei seiner gebratenen Maiskolben ab, um durch den schmackhaften Mais auf eine geschmacklich gänzlich andere Fährte zu gelangen. Wir kehrten der Landstraße erst gegen Abend den Rücken und nach Kuala Terenganu zurück. Rani wartete schon.

Vierzehnter Tag

Pünktlich um zehn Uhr liefen wir am nächsten Morgen in Marang ein. Mentani rief einen der Fischer und der zeigte uns sein Boot. Über einen langen Holzbalken mussten wir auf das Schiff klettern, der Fischer und sein Freund halfen uns dabei und übernahmen auch die schweren Maikäferrucksäcke. Wir wussten ja nicht, ob wir länger bleiben würden, und so musste das gesamte Gepäck mit. Wenig später liefen wir aus. Das braune Flusswasser mischte sich mit dem klaren Meerwasser zu einer unappetitlichen Brühe, durch die uns der stampfende Dieselmotor bugsierte. Das Schiff schlingerte, wir fuhren Schlaufen und Halbkreise, umschifften Sandbänke und folgten einer für uns unsichtbaren Straße aus der Flussmündung. Dort wo sich die Wellen des Meeres im Fluss brachen, stob braune Gischt empor, das Schiff kippte von einer Seite auf die andere. Der Fischer blieb ungerührt und hielt, stehend in seiner kleinen Kajüte, das Ruder fest in der Hand. Zeitlebens war er diese Flussmündung hinaus und hereingefahren, wir konnten uns kaum etwas Beruhigenderes vorstellen.

In dem nahrhaften Fluss-Meerwassergemisch entdeckten wir riesige Quallen. Quallen in kräftigen rotgelben Schattierungen, deren Körper leicht die Größe eines Medizinballes erreichten, und Tentakel, die an Länge wohl vier oder mehr Meter hatten, gediehen in der braunen Nährlösung sichtlich gut. Vereinzelt entdeckten wir auch weiter draußen vor der Küste noch solche Untiere, manchmal sogar noch größere Exemplare, deren Tentakel sich dann irgendwo in der schimmernden Tiefe des Meeres verloren. Die Küste schrumpfte zusehends, während die Strände Kapas erkennbar wurden.

An unserem Boot trieb ein toter Marlin vorbei, ein Prachtexemplar von Fisch, zweieinhalb Meter lang. Mit einem Male wurden wir uns des Unterschiedes der Meere bewusst. Natürlich kann es auch im Mittelmeer große Fische geben oder große Quallen, aber das südchinesische Meer mochte noch vielerlei bieten, das im Mittelmeer längst dem jahrhundertelange Einfluss von Unrat zu Opfer gefallen war. Dieser tot im Meer treibende Fisch brachte uns den Unterschied zwischen Urlaub am Mittelmeer und am südchinesischen Meer ins Bewusstsein und kehrte die Größe der Meere, die unergründliche Tiefe und die Vielfalt des Lebens in unsere Gedanken.

Von Kapas her streckte sich uns ein kleiner Betonsteg entgegen. Kapas, eine kleine Insel mit kaum einem Kilometer Durchmesser, empfing uns. Das Boot legte an und wir enterten den Pier. Kristallklares Wasser umspülte die Sockel des Stegs und brach sich in sanften Wellen am flachabfallenden Strand. In Kapas reihten sich mehrere Buchten, abgetrennt durch schmale Felszungen, aneinander, allesamt lagen sie auf der dem Festland zugewandten Seite der Insel, gegen das offene Meer hin fielen größtenteils Klippen und schroffe Felsen ab. In den zwei größten Buchten gab es fünf kleine Anlagen, um zu übernachten. Von einfachen A-frame-Hütten bis zum stattlichen Perdana Hotel, das kleine Bungalows mit Bad, und, solange der Strom auf der Insel lief, sogar mit Airkondition und TV, anbot. Fernsehen wollten wir hier nicht, also quartierten wir uns in das Tuti Puri, eine im Öko-look ausschließlich aus Naturholz errichtete Anlage, bestehend aus elf Bungalows, ein. Die einfachen, aber geräumigen Bungalows auf kleinen Stelzen boten ein Open-Air-Bad, einen Ventilator an der Decke, eine dem Meer zugewandten Veranda mit Sitzgelegenheit, eine Kommode und eben ein

Bett. Sämtliche Seitenteile des Bungalows ließen sich mit einem Handgriff lösen und gaben so den freien Blick auf das Meer frei.

Sämtliche Bungalows und das Haupthaus mit Rezeption, Aufenthaltsraum und Restaurant verband ein etwas vom Sand abgehobener Steg, an dessen Mündungen zum Strand jeweils Eimer mit Wasser bereitstanden, um das sonst leidige Vertragen des Sandes in die Bungalows zu verhindern. Das Haupthaus bestand im Prinzip aus einer riesigen, durch Stufen in verschiedene Ebene unterteilten Holzbodenfläche, auf denen mittels Teppichen im Aufenthaltsraum und Stühlen und Tischen im Restaurantbereich Liege und Sitzmöglichkeiten geschaffen worden waren. Dieses Holzplateau, das einen wunderschönen Blick über den an die Holzsteher des Plateaus heranreichenden Strand bot, wurde von einem riesigen Dach aus Holz überspannt. Keine Wände störten den Rundumblick. Für windige Tage oder für die Zeit des Monsuns von November bis Februar, wenn das Hotel geschlossen war, gab es Holzrollos, die statt der Wände herabgelassen wurden. Hier blieben wir. Da das Hotel bei unserer Ankunft völlig leer war, konnten wir uns den schönsten Bungalow direkt am Meer aussuchen.

Von hier aus wollten wir die Insel erkunden, Kanufahrten rund um die Insel machen oder die Insel auf dem einzigen Fußweg durch den Dschungel quer über den Inselrücken erkunden und vor allem wollten wir hier baden und schnorcheln und einige erholsame Tage verbringen. Es sollten viele Tage werden und im nächsten Jahr wurden es gar Wochen, die wir allein auf dieser Insel zubrachten. Diese Insel entwickelte sich zu unserem persönlichen Paradies, und das bei Preisen, die noch nicht vom Tourismus verdorben waren.

Am ersten Tag auf der Insel erkundeten wir sämtliche Sandbuchten, entdeckten einen kleinen Fußweg, der die Strände entlangführte und zwischen den Felszungen Übergänge von Bucht zu Bucht gewährte. Nur in zwei der Buchten befanden sich Unterkünfte, sämtliche andere Buchten waren menschenleer. An den Buchten gegen Norden hin sah man die kleine Schwesterninsel von Kapas, ein noch winzigeres Eiland als Kapas selbst, das zur Gänze im Besitz des Sultans von Terenganu stand. Eine exklusive Hotel- und Besucheranlage säumte die Rückseite dieser Insel, auf der anderen Seite lagen die Strände und die Schnorchelgründe. Ein Betreten der Insel für Nicht-Gäste war untersagt.

Unmittelbar vor den Sandbuchten Kapas erstreckte sich unter Wasser ein unberührter, lebendiger Korallengarten, zwischen dessen Geäst sich die aberwitzigsten Formen von Fischen tummelten. Fische, so zahlreich und farbig, als sei man in ein künstliches Aquarium abgetaucht. Bald schon hatten wir unsere Lieblingsbucht gefunden. Heller, gelber Sand, dahinter nur der zum Inselrücken aufsteigende Urwald, abgeschirmt von zwei Felszungen, die bei Flut nur einen sehr schmalen Anweg zum Passieren freiließen, und vor uns der Korallengarten. Hier ließ es sich aushalten. Wir lagen am Strand, träumten vor uns hin, beobachteten die Seeadler, die hoch über uns im blauen Himmel kreisten und sprangen zur vermeintlichen Abkühlung in das Meer, das spiegelglatt vor uns lag. Eine Abkühlung freilich erreichten wir damit nicht. Nicht umsonst hatte das Meer diese unvorstellbare Vielfalt an Korallen und Fischen hervorgebracht; die ganzjährig tropisch warmen Meerestemperaturen begünstigten diese Entwicklung ja entsprechend. Jeweils gegen Mittag zogen wir uns unter das vor der Sonne schützende Dach des Haupthauses unseres Hotels zurück. Wir genossen die Aussicht, spielten Karten und ließen uns bei Eistee und Tuna-Sandwiches verwöhnen.

Auf Wunsch fuhr der Hoteleigentümer mit dem Boot nach Marang und brachte uns vom dortigen Markt die Früchte, die wir in den ersten Tagen unserer Reise so schätzen und schmecken gelernt hatten. Überhaupt kümmerten sich der Hoteleigner und dessen Frau rührend um unser Wohlbefinden. Als über viele Tage einzige Gäste konnten wir uns ihrer ungeteilten Aufmerksamkeit sicher sein. Sie lehrten uns ein heimisches Brettspiel ähnlich unseres Fidschigoggerln ebenso, wie sie uns über ihre Vorhaben neuer Hotels erzählten oder was sie bislang in ihrem Leben getan hatten.

Fünfzehnter Tag

Für die sechs im Hotel bereitstehenden Zweierkanus gab es ganze drei Paddel. Aber das war nicht weiter schlimm. Als einzige Gäste hatten wir eine Option auf alle Geräte des Hotels und auch schnell einen vernünftigen Dauermietpreis für ein Zweierkanu ausgehandelt. Jetzt lag es an uns, zu lernen, das Kanu zu steuern. Nach anfänglichen Gleichgewichtsproblemen, die proportional mit der Stärke des Wellengangs am jeweiligen Tag waren, erreichten wir immerhin genug Geschicklichkeit, um sicher durch die Fluten zu steuern. Zu einer Inselumrundung, wie sie aufgrund der Größe der Insel leicht möglich gewesen wäre, konnten wir uns nicht durchringen. Zu heftig war der Wellengang an der dem Festland abgewandten und damit ungeschützten Inselseite, dunkel mutete uns das dort durch die abfallenden Felsen selbst nahe an der Insel tiefe Meer unter unserem Kanu an. Wir bevorzugten die Fahrt durch die bis knapp unter die Wasseroberfläche reichenden Korallengärten vor den Sandbuchten Kapas und der kleinen Nachbarinsel.

Bewaffnet mit Schnorchelausrüstung, zweier der drei verfügbaren Paddel, mit wasserfestem Fotoapparat, Sonnenschutz und natürlich Getränk paddelten wir denn los. Wir verließen die Heimatbucht vor unserem Hotel, passierten die zweite bevölkerte Bucht Richtung Norden und die nächstfolgende, schon menschenleere Bucht. Auch die nächste, unsere auserkorene Lieblingsbucht, ließen wir ungeachtet rechts liegen und steuerten vielleicht zwanzig Meter vom Ufer entfernt über die unter uns in allen Farben brillierenden Korallengärten in Richtung der nördlichen Inselspitze. Da entdeckten wir wenige Meter hinter uns einen Begleiter. Eine Haiflosse ragte aus dem Wasser und folgte uns, vermutlich durch die Strömungslinien unseres Bootes aufgescheucht. Wir ließen ab vom Paddeln und versuchten uns umzuwenden, um den Hai auf einem Foto zu dokumentieren, der aber tauchte plötzlich uninteressiert ab. Statt diesem Hai hob sich jetzt seitlich von uns eine andere Haiflosse aus dem Wasser. Ganz deutlich konnte man die Umrisse des Tieres im Wasser ausmachen. Dieser Hai umkreiste uns. Ein Unglück kommt selten allein. Bei unserer ersten Begegnung mit den Haien tauchte zu unserem Schreck im Kanu plötzlich auch noch eine große schwarze Urwaldspinne auf. Wir wankten, das Boot schlingerte, jetzt war guter Rat teuer. Die große schwarze Spinne im Boot, grimmige Haie rund um das Boot herum, was sollten wir tun? Mit einem gezielten Handrückenstreich gelang es meiner Freundin schließlich sich des Tieres, das sich schon auf ihren Fuß gesetzt hatte, zu entledigen. Natürlich schlingerte das Boot aufgrund der Aufregung und der raschen Schleuderbewegung mit der Hand erneut bedenklich heftig und vermutlich wetzten die Haie sich schon in Erwartung unseres Kenterns die Zähne. Vergeblich. Es gelang uns, durch ruhiges Austarieren unseres Gewichts das Kanu vor dem Kentern zu bewahren, Gott sei Dank. Es verblieben noch immer die Haie rund um das Kanu.

Jetzt erst merkten wir, dass es sich offenbar um vier oder fünf Tiere handeln musste, die Interesse an unserem Kanu gefunden hatten, und die Haie wagten sich immer näher an uns heran. Ich hätte ihre Größe auf zwischen eineinhalb und zwei Meter geschätzt, das Wasser an dieser Stelle wies bis zu den Korallen etwa die Tiefe eines halben Paddels auf, also circa achtzig Zentimeter.

Wir wir später erfahren sollten, gab es hier in dieser vorletzten und auch noch in der nächsten, der nördlichsten Bucht sowie in der südlichsten Bucht der Insel jedes Jahr unzählige Haie. Diese laut unserem Hotelbesitzer ungefährlichen, weil niemals hungrigen Haie wuchsen in diesen Buchten auf, um irgendwann später weiter in das Meer hinauszuziehen. Allein zu diesem Zeitpunkt wussten wir von der angeblichen Ungefährlichkeit der Haie noch nichts und wir sind bis heute froh, dass wir in einem Kanu saßen und uns niemals auf die Worte unseres Hotelbesitzers verlassen mussten.

Schon bei einem Schnorchelgang mit einem der Fischerboote etwas weiter draußen über den Korallenbänken der Insel des Sultans glaubten wir, einen Hai in Form eines dunklen Schattens von dannen schwimmen gesehen zu haben. Jetzt wussten wir, es mochte wohl gut ein Hai gewesen sein, denn Haie gehörten an dieser Insel zur Tagesordnung. Die weiter draußen rund um ein Fischerboot mit Schwimmreifen, Schnorchel und Flossen dümpelnden Japaner schienen sich ob der Haie keine Gedanken zu machen. Vielleicht hatten sie die Tiere schlicht nicht gesehen. Für uns waren sie unübersehbar. Sie umkreisten uns, folgten uns, wenn wir rückwärtsfuhren, und hängten sich in unsere Bugwelle, wenn wir vorwärts paddelten. Die Haie waren offensichtlich neugierig. Mein Quietschen mit dem nassen Finger auf dem Kunststoffrumpf des Kanus schien sie magisch anzuziehen. Sogleich, wenn ich zu quietschen begann, kamen die Haie herbeigeschwommen, vielleicht zehn oder zwölf Stück, von denen sich einige frech nahe an unser Boot und, wenn wir uns möglichst ruhig verhielten, sogar unter unserem Boot hindurch wagten. Wir konnten ihre Körper in dem klaren Wasser wunderbar beobachten, und doch waren sie so rasch, wechselten sie so rasch die Richtung, dass es uns abgesehen von einigen Aufnahmen über dem Wasser ragender Flossen nicht gelang, Aufnahmen der Tiere unter Wasser zu machen. Todesmutig hatte ich hierzu meine Hand samt Fotoapparat in das Meer gestreckt, aber leider gelang mir nicht eine einzige Aufnahme. So neugierig die Tiere zu sein schienen, so vorsichtig waren sie auch. Bei der geringsten Bewegung mit der Hand, bei der leichtesten Paddelbewegung, um nur das Boot in eine günstige Richtung zu drehen, stoben die Haie in alle Himmelsrichtungen auseinander. So mussten wir uns mit Beobachten begnügen, aber es war ein sehr eindrucksvolles Erlebnis, diese kraftvollen und unglaublich schnellen Tiere zu sehen.

Andere Besucher der Insel erzählten uns, ihnen seien die Haie beim Schnorcheln begegnet. Auf dieses Erlebnis wollten wir gut und gerne verzichten und wir beschränkten unsere Schnorchelausflüge fortan auf die drei mittleren Buchten der Insel, die nicht unmittelbar zu den Brut- und Aufzuchtgewässern der Haie zählten.

Einer der Haie sei schnurstracks auf die Schnorchler zugeschwommen, wussten diese zu berichten und daraufhin hätten sie ebenso schnurstracks das Wasser verlassen. Das konnten wir verstehen. Uns war der Besuch der Haie trotz des Kanus schon nicht ganz geheuer, welchen Schrecken hätten uns die Tiere erst im Wasser eingejagt? In den Folgetagen besuchten wir immer wieder die „Haibuchten". An Tagen, wenn das Meer glatt wie ein Spiegel vor uns lag, konnten wir die Tiere sehr schön vom Boot aus beobachten. Wenn der Wind auffrischte und die Wasseroberfläche sich kräuselte, konnten wir nur mehr die aus dem Meer ragenden Flossen sehen und gelegentlich einen Schatten, der am Kanu vorbeihuschte.

Wir hatten Kapas schon bald in unser Herz geschlossen und blieben viele Tage auf der Insel. Auch in den anderen Hotels hatten sich Tramper und andere Ewigreisende auf längeren

Aufenthalt eingestellt. Beim gemeinsamen Abendessen in einem kleinen Bretterverschlag, einem Restaurant einer der Billigstunterkünfte traf man sich allabendlich, um Reiseerzählungen auszutauschen. Am Restaurantboden besuchten uns Riesenkrabben und hinter einem niederen Zaun, der die Sitzfläche vom Urwald trennte, wohnte der Hausleguan der Köchin, ein großes Tier, dem alle Küchen- und Tellerreste gespendet wurden, um es bei Laune und somit als Attraktion beim Restaurant zu halten.

Jeden Abend erinnerten uns heftige Gewitter immer deutlicher an die nahende Zeit des Monsuns. Für uns hieß dies Abschiednehmen von der Insel, denn unser nächstes Ziel hieß Taman Negara, der Nationalpark. Mit Einbruch des Monsuns würden aber die Pforten des Nationalparks für Touristen geschlossen werden. Zu gefährlich war aufgrund der gewaltigen Wassermassen, die dann in dem 130 Millionen Jahre alten Dschungel niedergingen und Flüsse wie kleine Bäche zu reißenden Gewässern ansteigen ließen, die dreistündige Bootsfahrt in das Herz des Parks.

Sechzehnter Tag

Wir lösten unser Rückfahrticket. Gegen elf Uhr morgens liefen die Fischerboote wieder in Kapas ein. Gegen dreizehn Uhr mussten sie die Insel wieder verlassen, um rechtzeitig vor der Ebbe in den Hafen Marangs einfahren zu können. Eine Gnadenfrist von zwei Stunden, um sich noch ausführlich dem Schnorcheln widmen zu können. Wir ließen uns vom Boot an die besten Schnorchelgründe bringen und nutzten unsere letzten Stunden vor der Abreise. Als um dreizehn Uhr der Fischer den Bootsmotor starten wollte, da spuckte dieser nur verächtlich, sah aber keinerlei Grund, sich in die Kolben zu legen. Die Schiffsbesatzung, der Fischer und ein Helfer mühten sich mit dem Motor ab. Sie tauchten in den dunklen, schmierigen Rumpf des Schiffes ab, fluchten und schimpften und kehrten von Mal zu Mal verschmierter und schmutziger von den Reparaturarbeiten zurück. Ein Seil, um den Anlasser gewickelt, sollte durch rasches Abrollen genügend Drehmoment für einen neuerlichen Startversuch liefern. Sämtliche männliche Mitreisende mussten auf Kommando das Seil so schnell wie möglich abrollen. Wir rollten, der Anlasser drehte sich, der Motor spuckte höhnisch und das Spiel wiederholte sich mehrfach. Wir schwitzten aufgrund der Anstrengung, aber der Motor und damit das Schiff rührten sich nicht. Uns lief die Zeit davon, ein Wettlauf mit der Ebbe begann. Der Helfer des Fischers stürzte sich mit meinen Flossen in das Meer und kraulte auf die nächstliegende Insel, die des Sultans, zu, denn sämtliche anderen Boote befanden sich mittlerweile längst auf der Rückfahrt und konnten uns daher nicht mehr helfen. Nach einer Weile, die uns wie eine Ewigkeit vorkam und in der ich schon nachdachte, ob ich meine Flossen je wiedersehen würde oder ob sie bereits gegen gutes Geld an irgendeinem Straßenmarkt angeboten wurden, kam der Helfer wieder zurückgekrault. Bei sich hatte er das offensichtlich benötigte Werkzeug, denn schon nach kurzem Hantieren gelang es nun, den Motor anzuwerfen. Jetzt hieß es volle Fahrt. Als wir nach peitschender Fahrt, nass von den aufspritzenden Wogen, die wir rücksichtslos durchschnitten auf den Hafen und damit die Flussmündung zusteuerten, war die Ebbe schon weit fortgeschritten. Überall ragten Sandrücken aus dem Wasser, einzig eine kleine Wasserrinne hatte sich gehalten, aber ob die tief genug war, um unser Boot in den Hafen zu tragen?

Der Helfer musste an den Bug, und man konnte die Anspannung im Gesicht des Fischers ablesen, der sich nun voll und ganz auf das Ruder konzentrierte. Der Helfer rief und deutete dem Fischer jeweils die Richtung und dieser ließ behände das Steuerruder durch die Hand gleiten, dazwischen fluchte und schimpfte er. Das hätte er besser gelassen. Im gleichen Moment verspürten wir einen gewaltigen Ruck und wurden aufgrund der abrupten Bremsung umhergeschleudert. Wir waren aufgelaufen. Wellen schlugen über Bord. Der Fischer legte den Rückwärtsgang ein. Der Motor röhrte; das Wasser um die Schiffsschraube schien zu kochen und immer wieder schoss die braune Brühe des Mündungswassers in und über das Boot. Das Boot schlingerte, neigte sich bald nach rechts, bald nach links und drohte zu kippen. Schon lag die rechte Bordwand unter der Wasseroberfläche, wir kreischten und haschten nach unseren Rucksäcken, die sich anschickten, in das Wasser zu rutschen. Das Boot drehte sich, eine große Welle hatte es angehoben und irgendwie war es dadurch von der Sandbank freigekommen. Aber noch war der Kampf mit den Fluten nicht gewonnen. Immer wieder liefen wir auf und immer wieder musste sich das Boot im

Rückwärtsgang aus den Sanddünen graben, schien die Schiffsschraube sich nicht mehr durch Wasser, sondern bereits durch den sandigen Grund zu wühlen.

Wir waren froh, als wir endlich das Hafenbecken erreichten. Nass und vermutlich bleich vor Schreck verließen wir das Boot und setzten uns erst einmal in eines der Restaurants in Marang, um uns bei einer eisgekühlten Cola von dem Schrecken zu erholen. Unsere Rucksäcke hatten wir derweil in der Mittagssonne auf dem Asphalt vor dem Restaurant ausgebreitet, um sie in der gleißenden Mittagshitze zu trocknen. Während wir unsere Cola schlürften, prägten wir uns die Fahrstrecke zu unserem nächsten Ziel ein. In Kuantan, der nächsten Provinzhauptstadt im Süden, mussten wir die Küste Richtung Westen in das Landesinnere verlassen und der Straße bis Jerantut folgen. Dort sollte unser Ausgangspunkt für den Dschungelbesuch sein. Wir luden die Rucksäcke in den Kofferraum unseres Mietwagens, verabschiedeten uns von Sri Mentani und setzten unsere Reise auf der Küstenlandstraße Richtung Süden fort.

Die Landschaft beiderseits der Straße wechselte kaum. Rechts von uns, also Richtung Westen, erstreckten sich die leicht hügeligen Ausläufer des Mittelgebirges, dem dschungelbestandenen Herzen Malaysias, zu unserer linken Seite erstreckten sich je nach Straßenführung entlang der Küste größere oder kleinere Mangrovenhaine, Felder oder nur eine Böschung, die unmittelbar in den Strand überleitete. Die Küste im Osten Malaysias erstreckt sich circa 500 Kilometer von Norden nach Süden und annähernd die gesamte Küstenlinie ist, durchbrochen von nur ganz wenigen Kalksteinfelsen und Ansiedlungen, ein herrlicher, unberührter Strand, an den die sanften Wellen des südchinesischen Meeres rollen.

Wenige Kilometer nördlich von Kuanatan, auf einer Art Umfahrungsstraße, kehren wir der Küste den Rücken. Zwei Straßen führen von hier quer durch das Dschungelherz über die gesamte Halbinsel Malaysia bis nach Kuala Lumpur.

Wir entschieden uns für die etwas weniger befahrene, ältere Bundesstraße. Die zweite, neuere Straße wurde verstärkt für den Ost- Westschwerverkehr genutzt. Das hieße, hinter Lastwagen nachfahren, deren Ladegut oftmals mehr schlecht als recht befestigt war. Woher wir das wussten? Auf der neu ausgebauten Autobahnverbindung Kuala Lumpur nach lpoh fuhren wir zügig dahin, als ein vor uns fahrender Lastwagen einen dieser auch in unseren Breiten bekannten, mit weißem Plastik umspannten Heuballen vor uns auf die Fahrbahn fallen ließ. Es sah aus, als ob ein Eier legendes Riesenhuhn vor uns auf der Autobahn dahingackerte, und wir konnten uns nur durch einen nicht ungefährlichen Haken mit unserem Mietwagen aus der möglichen Affäre ziehen. Ein Beobachter aus einem Flugzeug mochte seine Freude daran gehabt haben. Zuerst das Huhn, das ein riesiges Ei legte, und danach ein Hase, offensichtlich auf der zickzackigen Hast hinter dem Huhn her. Mit schlingerndem Auto, quietschenden Reifen und schaukelnder Federung gelang uns das Ausweichmanöver. Auf derlei Experimente wollten wir uns fortan nicht mehr einlassen. Die alte Straße versprach zudem weitaus mehr Einblick in Land und Leute, führte sie doch auf ihren kurvigen Wegen durch kleinste abgeschiedene Dörfer. Unsere Durchfahrt durch ein solches Dorf glich jedes Mal großem Hallo. Um den auf der Straße weilenden Haustieren nicht mit rauchenden Reifen den Garaus zu machen, passierten wir die Dörfer extrem langsam.

Natürlich erspähte die Dorfbevölkerung sogleich die ungewohnt blassen Reisenden, die sich im Inneren der Fahrzeuge befanden. Man betrachtete uns, man winkte uns zu, aufgeweckte Schulkinder riefen uns in Englisch an und alte Menschen nickten uns begrüßend entgegen. Durch die neue, schnellere Straße schienen durch die Dörfer an der teilweise schottrigen Straße kaum mehr Fahrzeuge durchzukommen, geschweige denn Touristen. Vor einem der Dörfer entdeckten wir am Wegesrand einen schweißtriefenden Inder, der sein Glück mit Autostoppen versuchte. Da uns auf unseren Stadtspaziergängen des Öfteren angeboten worden war, man würde uns dorthin und hierhin mitnehmen, dachten wir, es sei in diesem Land eben so Sitte, Fußgängern eine Mitfahrgelegenheit anzubieten, und taten dergleichen.

Der Inder, immerhin einiger Englischbegriffe mächtig, nahm im Fond Platz und war sichtlich verwirrt aufgrund seiner ungewöhnlichen Fuhrleute. Er hatte es eilig, denn er wollte den Beginn irgendeiner hinduistischen Feier außerhalb des Dorfes in der nächsten Moschee nicht versäumen. Nun, er hatte es eilig, so konnte ich guten Gewissens in das Gaspedal treten. Auf der engen Straße und dem geschotterten Bankett machte es mir natürlich großen Spaß, unter Missachtung der ländlichen Geschwindigkeitsbegrenzung von Kurve zu Kurve zu driften. Anfangs erzählte uns der Inder noch, von wo er käme, was er denn mache und allerlei Sonstiges, bis er meinen rüden Fahrstil bemerkte. Seine Erzählungen verstummten, er blickte gespannt zwischen den Vordersitzen durch und es schien fast, als würde im gekühlten Auto noch mehr Schweiß auf seine Stirn treten als zuvor im Freien. Der Inder warnte uns vor den Lkws, die uns in jeder Kurve auflauern konnten und in Verbindung mit der schmalen Straße wohl zum Problem werden würden. Immer wieder wiederholte er seine dunklen Vorahnungen von den großen Lkws, bis er schließlich „I‘m afraid, I‘m afraid“ stammelte und uns bat, doch nicht so schnell zu fahren. Ob seiner Begeisterung über meinen ausgefallenen Fahrstil vergingen ihm und uns die Zeit und die Wegstrecke sichtlich zügig. Schon bald deutete er auf einen etwas vom Weg abgelegenen Versammlungsort. Dorthin hatte er gewollt. Wir ließen ihn aussteigen, er bedankte sich mehrfach und wir waren überzeugt, dass dieser Mann auf lange Zeit an diesen Tag und seine rasende Fahrt mit den Fremden zurückdenken würde.

Auf halber Wegstrecke zwischen Kuantan und Kuala Lumpur zweigt bei Jerantut eine kleine Straße Richtung Norden nach Tembelin ab. Dorthin mussten wir, denn ab Tembelin sollte unsere Fahrt mit dem Boot nach Kuala Tahan fortgesetzt werden. Wir erreichten Tembelin gegen 15.00 Uhr. Gerade noch rechtzeitig, um einen Bootstransfer zur Dschungellodge zu buchen. An der Ablegestelle der Boote hatten sich schon einige Touristen versammelt. Gepäck, Rucksäcke und Koffer türmten sich an der hölzernen, überdachten Landungsbrücke.

Ein bezahlter Parkplatz garantierte für die Zeit unseres Dschungelaufenthaltes bestes Wohlergehen für unser Auto. Wir stiegen aus und die feuchte Hitze des Landesinneren schlug uns entgegen. Keine frische Brise seitens des Meeres, kein kühlender Anblick der Badespaß verheißenden Wellen. Rings um den Parkplatz, die Straße und rund um das gerodete Feld mit einer kleinen Ansammlung von Restaurants und dem offiziellen Headquarter des Taman Negara streckten sich Baumriesen und undurchdringliches Buschwerk in den Himmel. Das offizielle Büro des Taman Negara (Nationalparks) lag etwas erhaben auf einem kleinen gerodeten Hügel und von oben konnte man wunderbar auf den breiten, braunen Fluss blicken, der träge Richtung Meer floss. Vor der Einfahrt in den Taman Negara mussten wir eine Art

Eintrittskarte lösen. Auf diese Weise stellen die Behörden Malaysias sicher, dass zum einen nicht zu viele Menschen im Dschungel umherirren, und zum anderen, dass alle wieder aus dem Dschungel herauskommen. Über die Einreisenden in den Nationalpark und die Aufenthaltsdauer wird exakt Buch geführt. So kann sich niemand auf Lebenszeit im Dschungel verirren oder von Tigern gefressen, von Nashörnern zertrampelt oder von Ameisen zerbissen werden, ohne dass es der staatlichem Verwaltung auffällt. Dieses System des Ein- und Austragens wird besonders in der Zeit um den Monsunregen von großer Bedeutung. In der Zeit von November bis Jänner wird der Nationalpark nämlich aufgrund der zu erwartenden Überschwemmungen kurzerhand für Touristen gesperrt.

Wir lösten unsere Tickets, drei an der Zahl. Zwei für uns und eines für die mitgeführte Kamera, und begaben uns zu den anderen Touristen an das Ufer des Tembelin, um auf das Boot zu warten.

Zwei Fuhren Touristen brachten die beiden Boote, jedes mit Platz für zwanzig Personen und deren Gepäck. Zusammen vierzig neugierige Touristen aus aller Herren Länder, die sich gemeinsam mit uns aufmachten, einen Urwald zu entdecken. Einen Urwald, der als der älteste und ursprünglichste Dschungel gilt, den man auf unserem Planeten noch besuchen kann. Die Boote legten an. Schaukelnde Kanus, mit schlanken, von Bordwand zu Bordwand reichenden Brettern, die als Sitzgelegenheit dienten. Darüber spannten sich von Hölzern am Bug und Heck gehaltene Stoffbahnen, um während der dreistündigen Fahrt Schutz vor der Sonne zu bieten. In den spitzen Bug wurden die Gepäckstücke gestapelt und teilweise mit Gummieexpandern zusammengehalten, um zu verhindern, dass sie während der

Stromschnellen weiter oben im Flusslauf über Bord kippen. Ein Auslegermotor im Heck des Bootes, gespeist von zwei offenen Benzinkanistern unter den letzten beiden Sitzreihen, diente als Zugpferd und Lenkung, um das überdimensionale Kanu gegen den Strom flussaufwärts zu navigieren. Wir reichten einem der Angestellten und bei der Beladung des Kanus helfenden Parkaufseher unser Gepäck und stiegen dann zu. Das Boot wankte. Durch den steten Gewichtswechsel durch das Zuladen des Gepäcks und durch die zugestiegenen Passagiere neigte sich der niedere Bootsrumpf abwechselnd gefährlich nahe an die Wasseroberfläche. Aber die Parkaufseher verstanden ihren Job und schlussendlich war das Boot austariert und zur Abreise fertig. Unser Boot verließ zuerst die Bucht der Anlegestelle und der Außenborder nahm seine mühsame Aufgabe wahr.

Zügig schnitten wir die braune Flussoberfläche des Tembelins, der hier, noch weit von seiner Mündung in das Meer, bereits sehr breit war. Details des gegenüberliegenden Ufers konnten wir keine ausmachen, vielleicht tausend oder mehr Meter lagen zwischen dem Boot und dem Ufer zu beiden Seiten, das gleichförmig, dicht bewaldet an uns vorüberstrich, von Zeit zu Zeit durch die Mündung eines Nebenflusses unterbrochen. Drei Stunden sind eine lange Zeit. Immer wieder verließ unser Steuermann die Mitte des Flusses, um entlang unsichtbarer Fahrtrinnen im Schlangenkurs seine Fahrt zu machen. Trotz der Breite des Flusses, die erst allmählich, im Laufe der Stunden, geringer wurde, dürfte der Wasserstand nur sehr niedrig gewesen sein. Zu beiden Seiten des Bootes ragten Sandhügel aus den braunen Fluten oder stachen modrige Äste in den Himmel. Obwohl unser Kanu kaum Tiefgang hatte, vernahmen wir immer wieder ein seltsames Knirschen des Schiffsbodens, wenn er an einer

Untiefe entlangschrammte, oder wir hörten die plötzlich aus dem Wasser gehobene Schiffsschraube sich wie wild in der Luft drehen, damit sie sich von Schlick und Geäst befreien konnte, die der Untiefe vorangegangen waren.

Je länger die Fahrt dauerte, desto näher am Ufer entlang ging die Fahrt. Riesenähnliche Bäume hoben sich dort in den Himmel empor und spannten ein gewaltiges Dach aus Laub. Schmarotzer rankten sich dazwischen und turmhohe Farne und fremdartige Palmwedel ließen den Wald zum undurchdringbaren Dschungel mutieren. In den Ästen blühte es, sprangen Vögel von Stamm zu Stamm und Affen kreischten in Anbetracht des herannahenden Bootes. Auf den lang gezogenen Sandbänken im Strom weideten Büffel und sehr vereinzelt passierten wir eine Ansiedlung von Menschen, die nur über den Fluss verbunden mit der Außenwelt hier ihr Leben verbrachten. Freundliche Menschen, die winkten, als wir sie passierten und deren Kinder in dem ufernahen Wasser des Tembelin badeten und vergnüglich spielten, natürlich stets auf der Hut vor Waranen oder anderen wilden Tieren, die sich ihnen hier, im abgeschiedenen Dschungel, zu Wasser oder zu Lande nähern mochten. Erst kurz nach unserer Rückreise lasen wir in einer Zeitung, dass eine riesige Mamba einen Malyaen im Dschungel getötet hatte. Entsprechend ihrer Natur hatte die Schlange den Mann umwickelt und erdrückt, um ihn anschließend sozusagen mit Haut und Haar zu verschlingen. Allein dazu kam es nicht. Der Malaye blieb der Schlange mit den Schultern im Maul hängen.

Unser Ziel im Taman Negara war die Zentrale der Parkverwaltung in Kuala Tahan, die in dem einzigen internationalen Hotel im Taman Negara untergebracht war. Dieses Hotel, in dem auch wir uns einen Bungalow gemietet hatten, lag an einer Flussgabelung des Tembelin, etwas erhöht auf einer kleinen Lichtung und bestand neben dem Haupthaus und der Nationalparkverwaltung aus den mietbaren Bungalows, einem kleinen Shop, einem beschilderten Rundweg durch den nächsten Dschungel, einem Campingplatz für unerschrockene Abenteurer und einem Landungssteg für die Boote. Nach langer Fahrt steuerten wir just diesen Steg an, froh, endlich aufstehen zu können, und froh, die Fahrt ohne Stromschnellen und andere Missgeschicke hinter uns gebracht zu haben. Neben dem Landungssteg trieben noch einige große Flöße, auf denen schwimmende Restaurants um Kundschaft warben. Wir hatten zwar Hunger, aber zuerst wollten wir den Bungalow beziehen. So schleppten wir unser schweres Gepäck die Stufen zur Anhöhe hinauf, auf der die Rezeption lag, und checkten erst einmal ein. Das Hotel, wie viele in Malaysia, war in der traditionellen Bauweise, einstöckig aus Holz gebaut. Dichte Strohdächer sollten den fallweisen Regen abhalten.

Wir ließen uns zu unserem Bungalow führen und zogen ein. Keine Kakerlaken, zumindest auf den ersten Blick. Ein hoher, weil bis in den Dachgiebel offener Raum empfing uns. Der hintere Bereich hatte eine Abteilung erfahren, eine Art Garderobe und links daneben ein Bad schlossen den Bungalow nach hinten hin ab. In der Mitte des Raumes stand ein Bett, dessen Kopfende für uns verdächtig nahe am Strohdach weilte, zur anderen Seite hin schlossen eine Terrasse, getrennt durch ein großes Fenster, und eben die Eingangstür den Bungalow ab. Das elektrische Licht funktionierte, wenngleich es kaum reichte, den Raum ordentlich auszuleuchten. Zwischen den Strohbündeln an der Decke zogen sich dicke Spinnweben und auch in die Ecken unseres Bungalows mochten wir gar nicht blicken, um nicht das eine oder andere Insekt zu finden, das uns die Nachtruhe rauben könnte.

Kaum hatten wir den Bungalow bezogen, fiel auch schon die tropische Nacht in den Dschungel ein. Nach einer ersten kurzen Rast und dem nötigsten Entpacken des Reisegepäcks erkundeten wir auf den beleuchteten und betonierten Pfaden die nähere Umgebung zwischen den Bungalows und dem Haupthaus und wir fanden uns im Speisesaal des Hotels ein, um zu Abend zu essen.

Ähnlich mussten sich die Kolonialherren vergangener Tage gefühlt haben. In edlem Holzambiente, an säuberlich gedeckten Tischen mit zuvorkommender Bedienung und einer schier unerschöpflichen Auswahl an Speisen und Getränken. Dazu das aufgrund der Ferne schwach vernehmbare Zirpen und Rascheln des Urwaldes und das Bewusstsein, weit weg von der bislang bekannten Welt zu sein, abgeschieden im Niemandsland.

Siebzehnter Tag

Eine innere Unruhe hatte uns geweckt und wir wussten nicht, ob es der Wunsch war, den Urwald endlich so nahe als möglich zu erleben, oder der Umstand, dass wir am Abend aufgrund der düsteren Beleuchtung nicht recht wussten, mit welcher Art Insekten wir diesen Bungalow die Nacht über teilten. Welche Art auch immer es gewesen war, am Morgen hatten sich die Tiere in ihre Ritzen und Spalten zurückgezogen, sodass wir nichts entdeckten, das unsere Unruhe begründet hätte. Na ja, nichts stimmt nicht ganz, denn unter einer Lamelle unseres Fensterbalkens im Bad hatte sich eine possierliche, marmeladendeckelgroße Spinne samt Kokon und Nachwuchs eingenistet. Durch eine glückliche Fügung des Schicksals war es nun eine Tatsache, dass die Spinne außerhalb des Fensters und somit des Mosquitonetzes war, während wir innerhalb desselben weilten. So weit, so gut. Was aber, wenn die Putzbrigade des Hotels über unseren Bungalow herfiel, um sauber zu machen. Würde nicht irgendjemand aus dieser Brigade auch hergehen, in das Bad kommen und bei sich denken, da gehöre ordentlich gelüftet? Und würde diese Person nicht dann an das Fenster treten und dieses mit einem Schwung öffnen?

Spätestens zu diesem Zeitpunkt stellte sich uns die Frage, ob die Spinne es unter diesen Umständen wohl vorziehen würde, draußen vor dem Bungalow zu bleiben oder die Gunst der Gelegenheit zu ergreifen und in den Bungalow überzusiedeln. Wie froh waren wir doch, am Abend desselben Tages die Spinne am gewohnten Platz und damit außerhalb unseres Bungalows wiederzufinden. Offenbar konnte sie unserer Überlegung nichts abgewinnen und hatte auf eine Übersiedlung in das Innere des Bungalows verzichtet oder die Putzbrigade hatte das Fenster erst gar nicht geöffnet. Wie auch immer. An jenem Morgen brachen wir auf, um auf einer ersten Wanderung den Dschungel zu besuchen, der seit 130 Millionen Jahren unverändert vor sich hinwuchs.

Wir folgten einem der ausgetretenen Pfade vom Hotel weg, der uns zu einer Art Hängebrücke brachte. Diese Brücke, über mehrere Ecken war in luftiger Höhe von Baumwipfel zu Baumwipfel gespannt worden, damit die Besucher die oft nur in den Baumwipfeln vorkommenden Pflanzen- und Tierarten besser beobachten konnten. Der Zugang zur Brücke führte über eine Art Baumhaus, von wo aus man auf die durch Drahtseile gehaltenen, schwankenden Bretter trat. Zwei Halteseile, links und rechts etwas über hüfthöhe gespannt, vermittelten den Eindruck von Sicherheit und gaben Halt, sodass ein Sturz von der Bücke nur in Ausnahmesituationen und, fast würde ich sagen, nur bei Mutwilligkeit, möglich war. Nie hätten wir gedacht, in welch luftige Höhen diese Baumriesen aufsteigen, und auch nicht, welche Artenvielfalt an Bewuchs sich just in diesen Höhern ansiedelte. Wir staunten, gingen weiter und staunten; wir fotografierten, staunten wieder und so weiter, bis wir irgendwann am Ende der Hängebrücke angekommen waren. Von dort führte der Weg weiter leicht bergauf auf eine Art Hügel oder Gipfel, der inmitten der umliegenden Landschaft bis auf Weiteres den höchsten Punkt markierte. Eine kleine Plattform aus Holz gab die Möglichkeit zu einem schönen Rundumblick auf den umliegenden Dschungel und die zahlreichen Flussläufe.

So eindrucksvoll uns der Dschungel bei unserer ersten Begegnung im Templer Park entgegengetreten war, so enttäuscht waren wir jetzt an dieser Stelle. Nicht weil der Ausblick etwas an Schönheit vermissen ließ, nein, es handelte sich gewiss um einen jener Postkartenausblicke, wie sie im Dschungel machbar waren, aber wir hatten uns irgendwie mehr erwartet. Tiere, wir wollten Tiere treffen, fremdartige Vögel beobachten und auch Insekten, doch längs dieses Pfades schienen sich alle Lebewesen außer den Planzen in weit entlegenere Gebiete zurückgezogen zu haben. Also kehrten wir enttäuscht, aber durchgeschwitzt, in das Hotel zurück, um uns für den nächsten Tag einen neuen Bungalow, eineinhalb Bootsstunden weiter flussaufwärts, zu mieten. In der sogenannten Trenganu Lodge, einer von zwei inmitten des Dschungels erbauten Ansiedlungen aus fünf Bungalows, hofften wir, auf mehr Ursprünglichkeit zu stoßen als hier in unmittelbarer Nähe zum Hotel. Am Nachmittag entfernten wir uns schon weitaus weiter vom Hotel. Wir hatten einen Pfad entdeckt, dessen Beginn etwas verborgen von Gebüsch lag und dessen Route nach unserer Karte, die wir im Hauptquartier des Taman Negara erhalten hatten, in einem großen Oval zwischen den anderen ausgetretenen Pfaden just zum Ausgangspunkt zurückführte. Auf dieser Route hatten wir schon weitaus bessere Sichtungen. Sogar einen Hornbill konnten wir, nach langem Starren in das Geäst, aufgrund seines unnachahmlich lauten Geschreis erblicken und über einige Minuten hin mit unserem Fernglas verfolgen. Von anderem, vorwiegend größerem Getier blieben wir verschont. Gott sei Dank. Dem unbändigen Wunsch, einem Tiger auf freier Wildbahn zu begegnen, oder einem der hier noch zahlreich lebenden Elefanten, stand zugleich der dringende Wunsch gegenüber, diese Begegnung doch nicht stattfinden zu lassen. Was hätten wir auf diesem verzweigten Pfad schon gegen einen Tiger oder gegen einen zahnbewehrten Tapir in der Hand gehabt? Ein Messer. Ein einfaches, aber nicht zu kleines Messer, das ich auf allen unseren Wanderungen bei mir trug, aber nicht um damit heldenhaft mit einem im Gebüsch liegenden Tiger zu kämpfen oder um tollkühn auf dem Rücken eines erlegten Tapirs zu reiten, sondern der weitaus praktischeren Dinge wegen: Früchte schneiden, Kokosnüsse aufhacken etc. Wie immer bei diesen Dingen muss ich fairerweise erwähnen, dass in jenem entscheidenden Fall, als auf der Insel Kapas eine dreiste Kokosnuss vom Wind geschüttelt unmittelbar neben uns im Sand aufschlug, ich gerade dieses praktische Messer nicht zur Hand hatte. Diese Kokosnuss musste ich, bei viel Zeitaufwand mit einer Muschelschale zuerst aus der grünen Schutzhülle schälen und dann mit einer anderen spitzen Muschel aufbohren. Damit mir eine solche fehlende Vorbereitung fortan nicht mehr vorgeworfen werden konnte, trug ich dieses Messer auf allen Wanderungen konsequent mit mir und ich bin überzeugt, dass, hätte ich das Messer nicht mitgehabt, sich vielerlei unterschiedlichste Anwendungsmöglichkeiten hierfür ergeben hätten. Obwohl uns der gewählte Pfad schon ziemlich weit vom Hotel wegführte, konnten wir uns trotzdem des Eindrucks nicht erwehren, dass unsere Entscheidung, am nächsten Morgen unsere Basis für die Übernachtung noch tiefer in den Dschungel vorzudringen, die Richtige gewesen war.

So hervorragend das Essen am Vortag auch gewesen war, das koloniale Feeling hatte auch seinen Preis und so beschlossen wir, uns nach einer etwas preiswerteren Ernährungsmöglichkeit umzusehen. Dabei kamen uns die auf dem Fluss treibenden Flöße mit den schwimmenden Restaurants in Erinnerung. Um zu den Flößen mit den Restaurants zu gelangen, mussten wir zuerst die Stufen zum Landungssteg hinuntersteigen und uns dann auf gefährlich glitschigem Gras und Lehmboden die Böschung entlang bis zu den Holzplanken hangeln, die als Zugang zu den Restaurants dienten.

Beinahe wären wir auf dem lehmigen Boden ausgerutscht und in den Tembelin gestürzt, denn in der schon halbfinsteren Dunkelheit konnten wir insbesondere die Halteleinen der Flöße nur schwer ausmachen, heimtückische Fallen für den unachtsamen, hungrigen Gast. Selbst die Planken zu dem von uns auserwählten Restaurant waren wackelig, glitschig und wenig entgegenkommend. Dennoch schafften wir es und ein Platz auf der dem Fluss zugewandten Seite des Floßes war uns sicher.

Das Floß hatte vielleicht den Grundriss einer Einzelgarage, ein Drittel dieser Fläche war als Küche und Bar von den Sitzplätzen der Gäste durch Holzplanken abgetrennt, der Rest der Fläche lud mit Gartentischen und Sesseln ein, Platz zu nehmen. An allen vier Ecken des Floßes ragten zwei Meter lange Latten empor, worauf ein notdürftiges Holzdach befestigt worden war. Unter diesem Dach spannten sich Girlanden der buntesten Lämpchen und kleine Fähnchen, um den Gast willkommen zu heißen. Die Gartentische überspannte eine geblümte Plastikfolie, an je zwei Ecken fixiert durch zwei Metallklammern. Eine Metallklammer in der Mitte des Tisches beherbergte einen Stapel Servietten.

Wir orderten je einen Eistee und zwei Portionen Nudeln mit Huhn. Daraufhin entschwand die Köchin in ihrem Bretterverschlag und es dauerte nur wenige Minuten, bis uns der warme Eistee serviert wurde. Ein köstliches Getränk, wie es bei uns Zulande aufgrund der unterschiedlichen Zubereitung nirgendwo zu finden ist. In Malaysia wird nämlich Schwarztee frisch aufgebrüht; in den heißen Tee wird eine Unmenge Zucker und eine Kleinigkeit Milch beigesetzt und zuguterletzt werden in den heißen Tee Berge von Eiswürfeln gegeben. Diese Kombination ergibt einen unnachahmlichen Geschmack.

Die kleinen Küchen auf den Flößen besaßen, ähnlich wie die Straßenstände, jeweils nur eine Schüssel, in der die Essen der Reihe der Bestellung nach zubereitet wurden. Trotzdem mussten wir nicht lange auf unsere Nudeln warten, denn erst nach uns wagten sich auch andere Gäste in das Restaurant und diese kamen der Reihe nach eben hinter uns. Die Nudeln, auf bunten Plastiktellern serviert, schmeckten ausgezeichnet und die Preise entsprachen wieder jenen günstigen, wie wir sie schon von den Straßenständen her kannten. Auch die Hygiene entsprach der auf den Straßenständen. Diese benutzten zwei Eimer voll Wasser hinter dem jeweiligen Stand, um das Geschirr und die Teller vor dem nächsten Gast zu reinigen. Auf Eimer konnten die schwimmenden Flöße verzichten. Die Teller, Tassen und das Besteck wurden kurzerhand im Fluss geschwenkt und galten somit als abgewaschen. Ein Gedanke, an den man bei einem Aufenthalt im Dschungel nicht allzu viel Bedeutung zumessen sollte.

Ein Gewitter zog auf. Ein auffrischender Wind zog über den Fluss und kräuselte das Wasser, die Servietten und die Tischtücher bäumten sich auf. Eine angenehme Erfrischung, dachten wir uns und genossen die durch den Wind kühlere Luft. Über fernen Baumwipfeln zuckten Blitze und wir spürten, wie sich das Gewitter langsam näher schob. In Anbetracht der Tatsache, dass sich die Gewitter so kurz vor dem Monsun auch zu längeren Schauern ausweiten können und wir keine Lust hatten, bei triefendem Regen über die Böschung zu klettern und durch die Hotelanlage zu hasten, zahlten wir und brachen zurück in unseren Bungalow auf.

Wenige Schritte vor unserem Bungalow erwischten uns die ersten großen Tropfen der Regenfront und kaum hatten wir den Bungalow betreten, als die Regenfront mit ihrer geballten Kraft einsetzte und sich in dicken, schweren Tropfen über die Lichtung des Hotels ergoss und auf unser Strohdach prasselte. Wir gingen zu Bett. Der Gewitterregen hatte sich, just wie befürchtet, in einen Dauerregen verwandelt. Im Bett liegend, in die Dunkelheit nach oben auf das Strohdach starrend, nahmen wir gegenüber der Nacht zuvor neue, fremdartige Geräusche war. Da waren zum einen die fernen Geräusche des Dschungels und zu diesen gesellte sich das Geräusch der aufprallenden Tropfen auf dem Dach, aber es gab ein weiteres unheimliches Geräusch, bestehend aus vielen kleinen Lauten, Schaben und Geknirsche. Es hörte sich an, als ob unzählbare Insekten sich vor dem Regen in den Bungalow verkriechen würden, plötzlich die Ritzen und Rillen in den Holzwänden ausfüllten oder sich auf der trockenen Innenseite des Strohdaches einen sicheren Unterschlupf suchten. Von diesem Geräusch angeregt glaubten wir alsbald, die Hundertschaft der Tiere zu sehen, von denen der Lärm herrührte. Immer wieder griffen wir zur Taschenlampe, um in den vermeintlich bevölkerten Ecken und Ritzen nach dem Getier zu sehen, vergeblich. Das Geräusch war hörbar, klar und deutlich, und doch ließ sich nicht eines der Insekten im Kegel unserer Taschenlampe blicken. Eine unruhige Nacht folgte.

Achtzehnter Tag

Am nächsten Morgen hatte sich das Gewitter und damit die Regenfront verzogen, ja es war beinahe unnatürlich still ohne das Prasseln des Regens geworden. Vor dem Bungalow empfing uns eine etwas frischere, wie gefilterte Luft; ein herrliches Durchatmen inmitten all des Sauerstoffes. Wir hatten bald unsere Habseligkeiten gepackt und warteten auf den Transport in die nördlich gelegene Trenganu Lodge.

Das Langboot legte an, wir stiegen zu und zu morgendlicher Stunde, ganz ohne andere Touristen, begann unsere Fahrt mit einem jungen Malayen stromaufwärts. Trotz des heftigen Regens in der letzten Nacht ragten verdächtig viele Steine aus dem Fluss, der sich jetzt rasch verjüngte. Oftmals rumpelte das Boot über Steine und nicht selten spritzte dabei eine Gischt Flusswasser über die niedere Bordwand. Vögel stoben am Ufer auf und in den Bäumen schienen Affen unsere Fahrt mit Gekreische zu begleiten. Trotz des rau knatternden Außenbordmotors konnte man auf dieser Fahrt die Unberührtheit dieser Natur spüren, der Eindruck der Einsamkeit, der Abgeschiedenheit wurde uns angesichts dieser Fahrt erst so richtig bewusst.

Stromschnellen in loser Reihenfolge zogen sich über die gesamte Flussbreite. Wir hatten von Fahrten zu Zeiten extremen Niedrigwassers gelesen, wenn die Touristen mit Gepäck quer durch den Dschungel parallel zum Fluss die Stromschnellen umwandern mussten, während sich das Boot von der Last befreit mit Anlauf durch diese Stromschnellen navigieren ließ. Sollte uns jetzt auch dieses Schicksal blühen? Der Malaye verlangsamte schon verdächtig die Fahrt, wir sahen uns schon durch den Dschungel stapfen. Er ließ das Boot in einem ganz bestimmten Winkel schräg nach hinten treiben, dann gab er plötzlich Gas, das Boot ruckte und zuckte, wir vernahmen ein paar ordentliche Rumpser und spürten, wie das Boot gegen Steine stieß, aber die ersten Stromschnellen hatten wir überwunden. Dieses aufregende Spiel wiederholte sich fortan mehrere Male, bis wir wieder in ruhigeres Gewässer kamen.

Wir sahen weit überhängende Bäume und üppige Blütenpracht zu beiden Seiten des Flusses, der hier schon wesentlich schmäler war als am Ort unserer Abfahrt. Zwischen den Bäumen stieg der Dunst des vergangenen Regens langsam auf, zogen Dunstschwaden knapp über der Wasseroberfläche quer über den Fluss. Typischer tropischer Regenwald, ohne Verfälschungen und ohne Einfluss von außen, präsentierte uns seine ganze Pracht.

Das Boot legte an. In einer Rechtsbiegung des Flusses markierten Holzbohlen eine Art provisorischer Landungssteg, von dem wiederum Treppen auf einen Hügel führten. Auf diesem Hügel standen die fünf Bungalows und ein überdachter Ess- und Aufenthaltsplatz, von wo aus wir einen schönen Blick über das Fußtal hatten. Neben uns gab es noch ein zweites Pärchen, das sich in einen der Bungalows eingemietet hatte. Die anderen Häuser standen leer. Ein Mann des Hotelpersonals übernahm tagsüber die Betreuung der Gäste, die, wie wir, Wert auf Ursprünglichkeit legten. Dieser Mann kochte, gab Auskünfte über Wanderrouten, reinigte die Bungalows und versorgte den Generator mit Benzin, um Strom für Licht und die Ventilatoren in den Bungalows bereitzustellen. Ein Einmann-Tagesbetrieb sozusagen, denn jeden Abend verließ dieser Mann die Lodge, um die Nacht im Hotel zu verbringen. Den Generator versorgte er mit einer bestimmten Menge Treibstoff, sodass dieser bis Mitternacht arbeiten würde, und dann überließ er uns uns selbst. Am nächsten Morgen würde er zurückkehren, den Generator anwerfen, Diesel nachfüllen und sich an die Zubereitung eines Frühstücks machen.

Der Bungalow in der Trenganu Lodge gefiel uns trotz seiner Schlichtheit sogar besser als der Bungalow beim Hotel. Ein festes Dach aus Holz ersetzte das Strohdach, die Räume waren hoch wie in Bauten um die Jahrhundertwende und durch wesentlich mehr Fenster drang helles Licht, das uns auf einen Blick auch die Geheimnisse der Ecken des Raumes verhieß: nämlich keine Geheimnisse. Statt Fensterglas waren in die Fensterrahmen feine Mosquitonetze eingehängt, wodurch es zu einer permanenten, angenehmen Luftzirkulation kam. Das Bad, bis unter die Decke gefliest, machte einen ähnlich angenehmen Eindruck, bot ausreichend Raum und alle Zu- und Ableitungen schienen vielversprechend zu funktionieren. Apropos Ableitungen. Hier könnte man den Gedanken der Geschirrwäsche im Fluss mit gar unappetitlichen Aspekten weiterspinnen; Tatsache ist jedenfalls, dass sich diese Trenganu Lodge flussaufwärts befand, und Tatsache ist ebenso, dass von einer Klär- oder Sickergrube weit und breit jede Spur fehlte. Wozu auch, mag man sich bei der Errichtung der Urwaldbehausungen gedacht haben.

Vor dem Bungalow, wie schon im Hotel, erstreckte sich eine kleine Terrasse mit Blick über das Flusstal und auf die gegenüberliegende, dschungelbewachsene Ebene. Unsere erste Dschungelwanderung nach dem kargen Frühstück galt einer nicht fern liegenden Beobachtungsstation. Eine Art Hochstand, der an einem Wasserloch gelegen den Blickkontakt mit vielerlei Tieren versprach. In dem Hochstand, der auf Holzstehern etwa drei Meter über den Boden ragte, befanden sich zwei Stockbetten mit je drei Liegeflächen samt Matratzen für besonders eifrige Tierbeobachter, die auch während der Nacht hier ausharren wollten. Gegen das Wasserloch hin wies der Hochstand ein langgezogenes Fenster samt breitem Fensterbrett und eine Sitzbank auf. In der Mitte dieses Fensterbrettes hing an einer dünnen Schnur eine Art Gipfelbuch, in das jeder Besucher seine Erlebnisse und Beobachtungen eintragen durfte.

Wir legten uns auf die Lauer, starrten mal mit, mal ohne Fernglas in Richtung Wasserloch oder suchten den Dschungelrand nach sich anpirschenden Tieren ab. Vergebens. Nach Stunden der mühsamen Beobachtung begannen wir, in dem aufliegenden Buch zu lesen. Auch vielen anderen Besuchern war das gleiche Schicksal wie uns zuteilgeworden. Keine Tiere. Die Vermutung, in der Nacht würden dafür umso mehr Tiere das Wasserloch heimsuchen, stellte uns vor die Frage, ob wir nicht auch eine Nacht in dem Hochstand zubringen sollten. Zwei Dinge sprachen entschieden gegen diese Idee. Dem Buch entnahmen wir, dass die meisten Beobachter in diesem Hochstand keine besonderen Tiere wahrgenommen hatten oder aufgrund der Dunkelheit nicht erkannten, welche Tiere sich da rund um das Wasserloch tummelten, und zudem beschrieben diejenigen, welche in dem Hochstand übernachteten, die Nacht als alles andere als ruhig und bequem. Mehrfach war von Dschungelratten die Rede, die im Hochstand über die Holzpritschen huschten, und von Fledermäusen, die sich in den frühen Morgenstunden zu den Schläfern gesellten, sich an die Decke hängten oder wirr im Raum kreisten. Ein Blick von uns an die Decke des Hochstandes und schon hatten wir einen zusätzlichen, guten Grund gefunden, um nicht hier zu übernachten. Ja, selbst wenn die Eintragungen in dem Buch scharenweise Tiger und Elefantenherden verkündet hätten, hätte wir uns nach diesem Blick an die Decke nicht zu einem Verweilen überreden lassen. An der Decke saß eine handtellergroße, graue Spinne, die zu allem Überfluss auch nicht tot war, sondern je nach Lust und Laune ihre Position änderte. Bald saß sie über uns, dann wieder zog sie sich nach hinten zurück. Selbst am helllichten Tag raubte uns dieses überdimensionale Tier die Ruhe und hielt uns zeitweise von der Beobachtung des Wasserlochs ab. Das wiederum war nicht weiter tragisch, den außer einem Waran, dessen Artgenossen wir schon an vielen anderen Plätzen beobachten konnten, regte sich dort ohnedies nichts.

Gegen Mittag verließen wir den Hochstand, um für eine angenehm kühle Dusche in unseren Bungalow zurückzukehren. Jeder Schritt dorthin wurde zum anstrengenden Unterfangen, die Mittagssonne, obwohl abgeschirmt vom dichten Blätterdach, hatte die Luft wieder zu Höchstgraden aufgeheizt. Aus allen Poren sickerte der Schweiß in unsere Kleidung und rann über Gesicht und Arme. Ein Königreich für eine Klimaanlage. Wie hätte uns diese Dschungelhitze erst zugesetzt, wären wir schon nach den ersten Tagen in den Taman Negara gereist. Im Laufe der vergangenen Wochen hatte unser Köper wenigstens Zeit gehabt, sich an die feuchte Luft zu gewöhnen und sich an die ständig warme Umgebung anzupassen. Auch wir selbst merkten den Unterschied. Unsere körperliche Leistungsfähigkeit hatte zusehends zugenommen, das mochte natürlich auch mit der langsamen Umstellung der inneren Uhr und der Anpassung an die Zeitverschiebung einhergehen. Trotzdem rann der Schweiß in Strömen.

Die Dusche kühlte angenehm, einige Kekse aus unserem unerschöpflichen Vorrat halfen, die Mittagszeit zu überbrücken, und derart gestärkt keimte in uns schon bald neuer Tatendrang. Von der Trenganu Lodge führte eigentlich nur der Weg zu dem Baumhaus, der Hide, und dann tiefer in den

Dschungel. Dort, nach einigen Bachüberquerungen, teilte sich der Weg. Eine Strecke führte durch den Dschungel hinab zum Hotel, eine gute Tageswanderung flussabwärts, der andere Weg führte circa ebenso lang flussaufwärts noch tiefer in den Dschungel hinein, bis zu einer noch abgelegeneren Lodge, der Kenyr Lodge. Wenn wir das gewusst hätten, hätten wir unser Gepäck mit dem Boot vorausfahren lassen können. Auf diese Weise hätten uns zwei sehr ansprechende Tageswanderungen zur Auswahl gestanden. Da wir dies aber nicht gewusst und daher auch keinen Bootstransfer für unser Gepäck vereinbart hatten, blieben wir in der Nähe der Trenganu Lodge und versuchten uns bald an einem Stück des Wegs flussaufwärts in entgegengesetzter Richtung flussabwärts. Durch den Regen am Vortag waren die Wege ohnedies ziemlich schlammig. Kaum hielten wir, um zu rasten, hatten sich schon dünne Blutegel über das Schuhwerk bis an den Rist vorgearbeitet, bereit, um sich durch Ösen und schmale Ritzen durch Schuhe und Strümpfe zur für sie verlockenden Haut vorzuschieben. Dieser Gedanke gefiel uns gar nicht, mit zwei Fingerschnippern schossen wir die Tiere von den Schuhen und hatten fortan besonderes Augenmerk auf unsere Füße und wohin wir traten.

Kurz vor Einbruch der Dunkelheit kehrten wir trotz Spinnenuntier noch einmal in die Hide zurück, um erneut unser Glück mit der Beobachtung von Wildtieren zu versuchen. Wir trafen andere Traveller, die ihren Weg von der Kenyr Lodge bis hierher gemacht hatten und diese wussten von Elefantenhaufen zu berichten, die ziemlich frisch waren und wohl bewiesen, dass es in diesem Urwald derlei Tiere gab. Gesehen hatten die Wandersleut die grauen Riesen jedoch nicht. Da saßen wir nun wieder, starrten mit einem Auge in das beginnende Halbdunkel und mit dem anderen Auge auf die Holzdecke der Hide, um nur ja nicht Opfer eines hinterhältigen Spinnenangriffs zu werden. Wir sahen keine Tiere. Wie angestrengt wir auch in die Dunkelheit starrten und das Wasserloch beobachteten, es liefen uns keine Tiere vor den Fernstecher oder das Objektiv unserer Kamera. Der Dschungel rings um uns surrte und raschelte, aber es waren die Dschungelgeräusche, die wir mittlerweile schon gut kannten. Verursacht von Insekten oder anderen Klein- und Kleinstlebewesen. Nichts verhieß uns spannendere Erlebnisse. So mussten auch wir uns in die Riege derer einreihen, die in dem Hide-Buch über keinerlei Tierbeobachtungen zu berichten wussten.

Das Abendessen, das das Allroundtalent des Hotels zubereitete, bestand aus Trockenfisch in einer scharfen Tomatensoße, dazu Reis. Nie hätten wir gedacht, dass jener Trockenfisch, der auf offener Straße, in den Körben der Geschäfte derart stinkt, in zubereiteten Zustand so schmackhaft sein kann. Der Duft war, vermutlich angesichts der übertünchenden Soße, gewichen und wir dachten bei den ersten Bissen gar nicht an Trockenfisch. Erst als wir ein Fischschen etwas von der Soße befreiten, erkannten wir, welche Art Menü uns da vorgesetzt worden war. Und da die ersten Bissen durchaus gemundet hatten, gab es anschließend auch keinerlei Grund zur Beanstandung, es war vielleicht etwas scharf, wie der Mann gekocht hatte, aber Schärfe spielte ja bei vielen Gerichten in Malaysia eine bedeutende Rolle.

Die Nacht war trotz fehlender Klimaanlage überraschenderweise angenehm kühl. Nach dem Verstummen des Generators und dem damit verbundenen Erlöschen jeglichen Lichts in der Trenganu Lodge fühlten wir uns aufgrund der offenen Fenster, als ob unser Bett inmitten des Dschungels stehen würde. So nahe und laut drangen die Geräusche des

Urwalds an unser Ohr. Egal, wie vertraut uns die Geräusche dieses unbekannten Waldes tagsüber schon geworden waren, des Nachts hatten sie etwas Unheimliches an sich. Und wieder bot sich die Fantasie an, ließ Tiger rund um die Bungalows schleichen, erkannte durch das grünliche Fensternetz das fratzenartig verzerrte Gesicht ganzer Affensippen in den an den Bungalow heranreichenden Bäumen und sah schlussendlich erschrocken Tiger durch mosquitoverhängte Fenster stürzen. Träume hatten uns eingefangen.

Neunzehnter Tag

Den ganzen Tag über verbrachten wir im Dschungel. Entweder wanderten wir einen der beiden Wege entlang oder wir verschanzten uns, insbesondere in der Mittagszeit bei unserem Freund, der großen Spinne, in der Hide. Tierbeobachtungen über die üblichen Insekten, Vögel und Affen hinaus sollten uns auch an diesem Tag nicht gelingen und so richteten wir unser verstärktes Augenmerk bald auf die berauschende Pflanzenwelt. Diese, weil unspektakulärer als lebende, schleichende, jagende, brüllende Tiere, fristete bei unseren Beobachtungen ohnedies ein untergeordnetes Dasein. Völlig zu Unrecht. Ohne auch nur einen Schritt zu tun, konnten wir auf Anhieb mehr unterschiedliche Arten an Gewächsen ausmachen, als uns dies wohl bei einem längeren Spaziergang in einem heimischen Wald möglich gewesen wäre. Dazu kam noch die Fremdartigkeit der Pflanzen oder, wenn uns zumindest die Art schon bekannt war, die gigantischen Ausmaße, die diese Pflanzen offensichtlich unter optimalen Bedingungen erreichen konnten. Blätter von der Größe einer Schranktür, Palmwedel, die an Größe jedem Fensterladen Konkurrenz machen konnten oder schlichte Farne, deren oberes Ende sich ungesehen im Grün des Blätterdaches verlor. Auf, in und unter diesen Pflanzen wimmelte es von Insekten, unbekannten Tieren und vertrauten wie Ameisen. Doch selbst bei den Ameisen gab es hier vielfältigste Arten. Große Rote, von zwei oder mehr Zentimetern, die rote Straßen quer durch das Laubwerk des Dschungelbodens bahnten, und kleine, ähnlich unseren Waldameisen, die in acht- und mehrspurigen schwarzen Bahnen mit Hin und Gegenverkehr ihre Lasten schleppten, konnten wir bewundern. Wehe dem, der auf einer solchen Bahn zu liegen kam. Binnen Sekunden fielen tausende Tiere über den Störenfried her und verbissen sich in das Opfer oder den gelegten Holzstock, so lange, bis sie die Bahn wieder freigelegt hatten und den Verkehr wieder aufnehmen konnten. Und es gab winzigkleine Ameisen, so klein, dass man sie fast gar nicht sehen konnte, und doch schienen sie überall zu stecken, auch in den Bungalows und in Taschen, schlichtweg überall. Konsequent bahnten sie sich einen Weg zu Süßstoff, den sie über selbst weite Entfernungen zu wittern schienen. Kein Keks, keine Frucht, nicht einmal verpackte, aber süße, Lutschtabletten gegen Halsschmerzen wurden von diesen Tieren verschmäht. Genauso konsequent, wie sie ihre Straße zu dem süßen Nährstoff aufbauten, so zogen sich die kleinsten Ameisen auch wieder zurück, sobald der Süßstoff verbraucht oder entfernt worden war.

Auch wir begannen unseren Rückzug. Am frühen Nachmittag erwarteten wir das Boot, welches uns wieder zum Ausgangspunkt unseres Dschungelbesuches zurückbringen sollte, dem Eingang zum Taman Negara mit dem kleinen Hauptquartier auf dem Hügel, den unscheinbaren Restaurants und unserem Leihauto, das hoffentlich noch an derselben Stelle auf dem Parkplatz stand, wie wir es verlassen hatten.

Unser Fahrzeug erwartete uns. Unversehrt, an derselben Stelle und vor allem willig, seinen Fahrdienst aufzunehmen. Während es in anderen Ländern oft mehr als fraglich war, ob unser jeweiliges Mietauto nach längeren Standtagen wegen der großen Kälte wieder seinen Dienst aufnehmen würde, so waren es hier die Feuchtigkeit und die Dschungelratten gleichermaßen, die uns in Spannung hielten. Die Feuchtigkeit konnte zu Kurzschlüssen in der Elektrik und Elektronik des Wagens führen und die Dschungelratten mit ihren spitzen Nagezähnen konnten, ähnlich unserer Marder, Gefallen an den Kabelinnereien des Wagens entwickelt haben. Nichts dergleichen geschah. Mit dem Umdrehen des Schlüssels schnurrte der Wagen und mit ihm auch die Klimaanlage los. Wir machten uns auf den Rückweg nach Kuantan, just über dieselbe Straße und durch dieselben Dörfer, die wir schon von unserer Anfahrt her kannten. Aber diesmal nahmen wir keine Autostopper mit, unsere Abfahrt in Tembelin war ohnedies schon am späten Nachmittag und in Kuantan erwartete uns noch die Quartiersuche. Nach durch die eingefallene Dunkelheit anstrengender Fahrt erreichten wir schließlich Kuantan. Noch ehe wir in das Stadtzentrum vordrangen, versuchten wir unser Glück auf der Suche nach einer Unterkunft in einem etwas außerhalb von Kunatan gelegenen Stadtteil, der sich unmittelbar an einer angeblich wunderschön liegenden Bucht befand. Von der Bucht konnten wir in der Dunkelheit nichts mehr erkennen, in erster Reihe rund um die Bucht waren jedoch teure und hochgeschossige Hotelanlagen erbaut worden. Ein untrügliches Zeichen dafür, dass die Bucht einen bestimmten Reiz ausstrahlen musste. Erst in der zweiten Reihe, ohne Aussicht auf die Bucht und im Rücken durch einen Hügel begrenzt, fand sich eine Reihe günstigerer Unterkünfte. In eine dieser Unterkünfte, ein chinesisches Hotel mit überdachtem Innenhof und sauberen Zimmern, quartierten wir uns ein.

Zwanzigster Tag

Wir trauten unseren Augen kaum, nicht weil die Bucht von solch ausgesuchter Schönheit gewesen wäre, die wir am nächsten Morgen erblickten, und auch nicht, weil wir vor irgendwelchen faszinierenden Bauten in Ehrfurcht erstarrt waren, sondern weil es jener Vorplatz dieser Bucht war, der zum Wendepunkt eines Marathonlaufes auserkoren worden war. Polizei und Helfer riegelten die Zu- und Abfahrt zur Bucht hermetisch ab. Kleine bunte Hütchen markierten die Laufstrecke auf der Straße bis an den Strand und dort auf einem geteerten Vorplatz mit einigen steinernen Sitzbänken markierten dieselben Hütchen den Umkehrplatz für die Sportler. Kaum hatten wir, eigentlich auf dem Weg in das nächstliegende Restaurant, um zu frühstücken, die Renn- und Laufstrecke als solche identifiziert, als angefeuert von unzähligen Zuschauern, die sich zusätzlich längs der Straße postiert hatten, die ersten Athleten schweißgebadet an uns vorüberliefen. Ein Johlen und Jaulen ging durch die Menge und den ersten Sportlern folgten alsbald viele weitere. Wie konnte man nur, dachten wir bei uns. Ein Marathon in einem derart heißen Land und dabei schien es sich keineswegs um einen Sport für wenige Individualisten zu handeln. An uns eilten Hundertschaften vorbei, allesamt schweißtriefend und mit verzerrten Gesichtsausdrücken, deren Hände nach den von Serviceleuten am Straßenrand gereichten Wasserbechern gierten.

Wie kann man nur, dachten wir bei uns, uns den Weg zu unserem Frühstück versperren? Der Zauber währte nicht allzu lange. Je länger wir warteten, desto verzerrter erschienen uns die Gesichter und irgendwann wurde die laufende Sportlerriege durch die gehende Riege abgelöst, gemächlich ging, ja spazierte das Schlussfeld am Wendepunkt vorüber, dann zogen auch die Schaulustigen und mit ihnen die Polizisten und Streckenposten von dannen.

Die Hotels waren zu Recht an dieser Bucht, Chempedak, errichtet worden, wenngleich ohne Hotels die Bucht doch wesentlich an Schönheit gewinnen mochte. Zwei lang gezogene Buchten lagen aneinander, von einer kleinen, tief bewaldeten Hügelspitze getrennt. Feiner gelber Sand, an den, heftiger, als bislang von uns beobachtet, das Meer klatschte, umschloss die Buchten zum Land hin. Entlang dem Ufer, also von Bucht zu Bucht und durch den zivilisierten Urwald und auf den die Buchten umschließenden Hügeln führten ausgewiesene Wanderwege. Bevor wir uns aber an die Entdeckung dieser Wege machen konnten, hieß es frühstücken und dem Büro der Nationalen Fluglinie, der Malaysian Airways, in Kuantan einen Besuch abstatten. Die von uns vor unserer Abfahrt gebuchten Flüge auf die der Küste vorgelagerte Insel Tioman mussten nämlich umdatiert werden. Ganze drei Tage waren wir zu früh nach Kuantan gekommen. Kein Problem, versicherte uns die Dame der Malaysian Airways, und ohne Aufpreis, ohne Stornogebühren, tauschte sie unsere gültigen Tickets gegen andere mit neuem Datum aus. Kundenservice, wie man ihn sich bei anderen Fluglinien nur wünschen würde. So konnten wir unsere Anreise nach Tioman schon für den nächsten Tag fixieren. Diesem Umbuchen des Tickets folgte ein sehr langes Telefonat mit unserem ebenfalls schon vor der Abreise gebuchten Hotel auf Tioman. So einfach die Umbuchung des Flugtickets dank asiatischer Freundlichkeit und Flexibilität war, so kompliziert ja beinahe unmöglich gestaltete sich das Verlängern unserer Hotelbuchung um zwei vorausgehende Tage. Dabei erwies sich nicht die Kapazität des Hotels, sondern schlichtweg die fehlende Flexibilität des Hotelmanagements auf der Insel als Problem. Diese wagten nämlich nicht eine Auskunft oder Buchungsbestätigung zu geben, das müsse dann wohl über ihr Buchungsbüro in Kuala Lumpur geschehen. Dort sprach man zuerst allerdings nur malayisch, was wiederum für uns zu Flexibilitätsproblemen führte, sodass wir eine Rezeptionistin eines Hotels in Kuantan als Dolmetscherin beiziehen mussten. Diese sehr freundliche Dame nahm sich in besagter Angelegenheit schlussendlich ganz unser an und führte, ich glaube, noch an die fünf weitere Telefonate, ehe wir zu unseren neuen Flugtickets auch die entsprechende Hotelbestätigung in der Hand hielten.

Nach vollbrachter Buchung zurück in der Bucht Chempedak ging es an die Erkundung der nächsten Umgebung. Eine Handskizze gab uns Aufschluss über die Wanderwege durch die Hotels und zwischen den beiden Buchten und am frühen Nachmittag stapften wir, gewappnet mit langärmeligen Hemden, langer Hose und Kappe, erneut in einen, wie wir dachten, zivilisierten Dschungel. Es mag auch sein, dass es ein Ausdruck von Zivilisation ist, wenn Stechmücken gelernt haben, nicht vor Hemden und Hosen W.O. zu geben, sondern sich mit Hartnäckigkeit daran machen, durch den Stoff zu stechen. Und wenn dies ein Zeichen von Zivilisation ist, so kann ich nur sagen alle Achtung, diese Tiere hatten ihre Lektion gelernt. Wir suchten unser Heil in der uns schon von den Blutegeln bekannten „Fluchtwanderung“. Das heißt stetig in rascher Gehbewegung bleiben, das verhindert das Festsaugen von Blutegeln ebenso wie das Landen von fliegenden Stechungeheuern. So zogen wir, nach wenigen Schritten, völlig durchschwitzt in den Wald. Hinter jedem von uns folgte eine kleine Wolke dieser hinterhältigen Sauger. Der Urwald hier wies bis auf den schönen breiten Weg eigentlich keinerlei Unterschied zu dem Dschungel im Nationalpark auf; nach wenigen Schritten fühlte man sich auch hier fern jeder Zivilisation, konnte man das Dickicht mit den Augen, in der Hoffnung auf einen Blick über die Buchten nicht mehr durchdringen. Laub säumte den Weg und die Gewissheit, dass die Hügel landseitig von Straßen und Ansiedlungen umrahmt werden, gab die Sicherheit, hier auf keinerlei wildes Getier zu treffen. Nun, keinerlei wildes Getier war falsch. Hoch zu unseren Köpfen schwangen sich, scheinbar von den Besuchern, also uns, begeistert, ganze Horden von Affen durch das Geäst und tobten spielend und balgend stets ein gutes Stück vor uns her.

Plötzlich, es geschah unmittelbar nach einer Wegeskuppe, robbte eine riesige, teilweise von Laub bedeckte Schildkröte mitten auf dem Weg auf uns zu. Eine Schildkröte, die uns durch zweierlei Aspekte in Atem hielt. Zum ersten, weil sie gotterbärmlich stank, sodass wir uns ihr nicht ohne Nasenverrenkung nähern konnten, und zum zweiten, weil ihre Größe nicht nur etwas, sondern weit über jenen uns bekannten Dimensionen lag. Man mochte glauben, es handelte sich um eine jener riesigen Arten, wie sie sonst auf den Galapagosinseln zu finden waren und die eben kurz zuerst schwimmend und jetzt wandernd einen kleinen Ausflug rund um die halbe Welt gemacht hatte. Dabei schien ob der Anstrengungen ihr Deo versagt zu haben. Eine vernünftige Erklärung wie uns schien, und da uns keine bessere einfiel und Nase und Stechmücken uns gleichermaßen zum Weitereilen antrieben, wünschten wir der Schildkröte Berg heil und suchten das Weite.

Wir umrundeten den Hügel. Auf der Rückseite fanden wir einen mehr als unansehnlichen Zoo mit garstig kleinen Käfigen für Bären und Kleintieren und eine Art Studentenheim, das aber schon einen vernachlässigten Eindruck machte. Unsere zweite Wanderung an jenem Nachmittag, nicht ohne zuerst unsere schweißtropfende Kleidung zu wechseln, unsere Stiche mit Antihixtasin-Salbe zu behandeln und gestärkt durch eine Ration Kekse, führte uns zu der zweiten, durch den schon erwähnten Hügel getrennte Bucht. Diese Bucht war insgesamt flacher, bis an den Strand hin mit Buschwerk bewachsen, und kein Hotel störte den Anblick. Wie schon so oft in Malaysia erlebten wir den prompten Wechsel zwischen touristischer Infrastruktur und völliger Unberührtheit sozusagen Tür an Tür. Keiner der Touristen, die die Hotels der ersten Reihe bevölkerten, sah sich veranlasst eine Wanderung auf den Hügeln hinter ihrem Hotel zu unternehmen. Vermutlich kündigten geführte Wanderungen mit Abreise- und Ankunftszeit samt Aufschlag im Preis von wöchentlichen Gruppenwanderungen, denn in Gruppen lässt sich der Dschungel bekanntlich ja wesentlich eindrucksvoller erleben. Kein Tourist machte sich die geringe Mühe, im Schweiße seines Angesichts auf gutem Pfad über diesen flauen Hügel zu treten, um allein und ungestört in dieser schönen Bucht den Nachmittag zu verbringen. Wir befanden dies als höchst eigenartig aber wir genossen die Einsamkeit.

Einundzwanzigster Tag

Flugtag, Auto Rückgabetag, Reisetag nach Tioman. Genügend Dinge, um den Tag in europäischen Landen zu einem hektischen Erlebnis werden zu lassen … aber nicht so in Asien. Zuerst fuhren wir mit dem Leihwagen und Gepäck nach Kuantan zur Verleihstation für die Mietwagen und brachten unseren Wagen in bestem Zustand und vollgetankt zurück. Die zweifelnde Dame an der Rezeption strafte ein Zapfhahn einer Tankstelle Lügen, der Tank wäre nicht ganz voll gewesen. Er war voll, der Zapfhahn verweigerte die Nachfüllung und die Dame entschuldigte sich resignierend. Sonst fand sie trotz der gefahrenen 2500 Kilometer nichts zu beanstanden und flugs hatten wir den Wagen retourniert. Eine Gutschrift über die verfrühte Rückgabe von zwei Tagen stellte sie uns auch noch aus, sodass wir zurück in der Heimat den Differenzbetrag erstattet bekamen.

Zu Fuß, und von vielen vorbeiflitzenden Fahrern gefragt, ob wir denn nicht mitfahren wollen, kehrten wir in unser Hotel zurück und packten die Koffer. Via Taxi ging es dann zum etwas außerhalb von Kuantan gelegenen Flugplatz, der zwar in der Einöde, aber völlig neu und mit modernsten Mitteln aus dem Boden gestampft worden war. Dort harrten wir samt unseres Gepäcks unseres Flugzeugs. Große Maschinen rangierten vor den Glasfenstern der Wartehalle, und immer wieder dachten wir, dies sei wohl unsere, doch unsere Maschine hatte einen weitaus dezenteren Auftritt. Ein Zubringerbus brachte uns auf eine Nebenrollbahn und dort stand sie.

Eine zweimotorige Fokker, bunt bemalt, wie es der Tochtergesellschaft der nationalen Malaysischen Airways, der Pelangi Air, nun mal zusteht. Irgendwo in diesem Flugzeug musste sich auch unser Gepäck befinden, allein, wir konnten uns nicht vorstellen, wo dies Platz haben sollte.

Das Innere der Fokker präsentierte sich rustikal. Je eine Reihe Sessel zu beiden Seiten des Ganges bot Platz für zwanzig, vielleicht auch weniger Personen. Die beiden vordersten Sessel wiesen dabei Gurte und eine Art Lenkrad auf. Leider waren diese Sessel bereits reserviert. Wir nahmen in der dritten Reihe zu beiden Seiten des Ganges Platz. In den Rückenteil der Vordersitze waren Netze eingewoben, darin befand sich unsere Reiseverpflegung ein Joghurtbecher mit Orangensaft. Die Sessel selbst glichen ausrangierten, eisernen Gartensesseln, die jemand flugs auf dem Boden des Flugzeugs angeschraubt hatte. Die Polsterung war rissig, an mehreren Stellen quoll die Fütterung heraus. Auch der Boden dieser Flugmaschine verdient Erwähnung, denn statt der gewohnten Plastikbeschichtung zierte diesen ein langer, stellenweise schon sehr abgeschabter Läufer. Die Herren auf den reservierten Sitzplätzen ganz vorne trugen wichtige Kappen und schon nach wenigen Handgriffen erkannten wir, dass es sich dabei um unsere Piloten handeln musste. Denn sie werkelten alsbald mit den Knöpfen und Hebeln und mit einem Mal hob gewaltiger Lärm an und die Maschine begann sich zu rütteln, zu schütteln und zu zittern, als ob sie der heftigste Schüttelfrost heimgesucht hätte, den man sich nur vorstellen kann. Wir rollten auf die Startbahn und nach kurzem Gerüttel und Gehopse erhob sich die Fokker in die Luft. Je weiter wir in die Luft stiegen, desto nebeliger wurde es in der Kabine. Durch die Klimaanlage kondensierte offenbar die Außenluft, sodass aus den Frischluftdüsen dichter weißer Nebel quoll. Die Herren Piloten schien dies nicht zu stören, vielmehr langten sie unter ihren Sitzen Stofftücher heraus, um ihre Instrumente trocken zu wischen. Zwischen den einzelnen

Instrumentenblöcken im Cockpit, das durch keine Wand oder dergleichen von der übrigen Passagierzelle getrennt war, tropfte vermutlich aus dem gleichen Grund, warum es bei uns hinten nebelte, Wasser. Nicht ein Tropfen, nicht an einer Stelle, nein, ein stetiges Getropfe aus vielen Ecken setzte im Cockpit ein und hielt die Piloten wischend auf Trab. Aber auch das gehörte offenbar zur Routine. Unser Flug führte uns für eine kurze Weile über das Festland, dann über die Küste hinaus auf das offene Meer.

Nach zwanzig Minuten, sowohl das Tropfen als auch das Nebelreißen in der Kabine hatte sich inzwischen verflüchtigt, begann der Sinkflug. Das Meer kam näher, die kleinen Inseln unter uns waren bald bewaldet mit einzelnen Bäumen und Stränden und selbst kleine Boote ließen sich zwischen den Wellen ausmachen.

Tioman lag vor uns. Die größte der wahllos im Meer verstreuten Inseln erhob sich geradeaus vor und im Meer. Eine Insel in Tropfenform, durchzogen von einem niederen Hügel, man könnte fast sagen, Bergrücken, dessen südliches Ende zwei unbewaldete Kalkfinger bildeten. Der Rest der Insel zeigte sich uns von dichtem Dschungel bewachsen, an der Küstenlinie blitzten gelbe Strände auf und unter der Wasseroberfläche vermochten wir Korallenbänke auszumachen. Unser Flugzeug steuerte auf Höhe von zwei Palmen über dem Meer auf Tioman zu, auf den die Insel durchziehenden Bergrücken zu, und der Pilot zog wenige Meter vor dem Bergrücken die Maschine in eine 90°-Kurve nach rechts und ließ die Maschine sanft auf eine gerodete Piste aufsetzen. Am Ende der Piste rollte die Fokker auf ein rumpeliges Asphaltband, kehrte um und wandte sich dem einzigen erblickbaren, aber auch durchblickbaren Gebäude weit und breit zu. Dem Tower, der Wartehalle, der Zollabfertigung, der

Gepäckausgabe und dem Restaurant. Alle diese Funktionen erfüllte eine überdachte Holzplattform mit angegliederten Sanitärräumen, die als Flughafen diente. Wir stiegen aus, glücklich über das Ende des Fluges, und begaben uns auf diese Holzplattform, um auf unser Gepäck zu warten.

Wie schon auf den anderen Inseln fühlte sich die Luft direkt am Meer wesentlich frischer an. Nicht so stickig heiß und feucht, wie wir sie gerade im Taman Negara erlebt hatten oder brütend abgestanden wie in den größeren Städten. Fast wäre ich versucht, zu sagen, es fühlte sich angenehm kühl an, wäre auf dem Weg vom Flugzeug zum Holzplateau nicht schon wieder der Schweiß durch das T-Shirt an das pralle Sonnenlicht hervorgekrochen. Kühl ist da wohl der falsche Ausdruck, es fühlte sich hier nicht so stickig an wie auf dem Festland, und auch das empfanden wir schon als sehr angenehm. Überhaupt schien sich der Körper an die tropischen Temperaturen im Laufe der Zeit mehr und mehr gewöhnt zu haben. Nicht dass man nicht mehr schwitzte, auch den Einheimischen rann der Schweiß über Stirn und Nacken, sondern man lernte, irgendwie mit dem Schweiß umgehen, schenkte ihm kaum mehr Beachtung; man ließ sich nicht mehr stören. Im Gegenteil. Man konnte interessante, ja fast schon wissenschaftliche Experimente sozusagen am eigenen Körper ausprobieren. Dazu musste man sich eine bestimmte Wegstrecke vornehmen.

Zum Beispiel die Strecke vom Flugzeug zum Holzpodest. Die Fragestellung musste dann etwa lauten: Wobei schwitze ich mehr, wenn ich rasch und mit kurzer körperlicher Anstrengung den Weg laufend zurücklege und dabei kaum den heißen Strahlen ausgesetzt bin, oder aber ich bewege mich bewusst langsam, erspare mir also die körperliche Anstrengung, bin dafür aber auch länger den schweißtreibenden

Sonnenstrahlen ausgesetzt? Immer wieder ertappte ich mich selbst bei dieser Überlegung, wobei man die Aufgabenstellung noch diffiziler gestalten kann. Wie verhält sich das Schweiß-Sonne-Anstrengungsverhältnis, wenn dabei noch Koffer zu tragen sind?

Da die Ankunftsplattform zugleich auch die Abfahrtsplattform darstellte, konnten wir die hiesigen Zöllner bei der Abfertigung beobachten. Die Zöllner ließen sich jeden Koffer geöffnet vorlegen und begannen dann diese sorgfältig zu durchwühlen. Über Jahre hinweg hatten die Touristen Korallen und Muscheln von Tioman mitgenommen. Seit das Meer rund um Tioman zum Nationalpark erklärt worden war, legten die Behörden Wert auf strenge Kontrollen bei der Abfahrt von der Insel. Dabei machte es offenbar keinen Unterschied, ob die Abreisenden im Land blieben oder die dreihundert Kilometer nach Singapur jetteten. Andere Ziele als Inland und Singapur befanden sich ohnedies nicht auf der offiziellen Flugliste.

Kaum hatten wir unser Gepäck erhalten, als wir erneut mit der ungeheuren Flexibilität unseres Hotels vertraut wurden. Eine einzige Straße existiert auf Tioman. Diese führt vom Hotel geradewegs zum Flughafen und es gibt auf Tioman, wie schon auf den anderen Inseln, keine Fahrzeuge außer den Mofas und dem Hotelbus, einem alten Schulbus. Wären wir nun die einzigen Gäste gewesen, hätte man sagen können, man hat uns vergessen, oder es zahlt sich wohl nicht aus, extra für uns einen Bus zu bestellen, aber dem war nicht so. Von den zwanzig Passagieren war weit mehr als die Hälfte für dieses Hotel gedacht, aber das Hotel schien nicht an die Passagiere gedacht zu haben, oder vielleicht hatte sich der Busfahrer auf der zwei Kilometer langen Fahrstrecke und der einen Straße auch verfahren, war aufgehalten worden oder sonst was. Jedenfalls mussten wir mehr als eine halbe Stunde auf den Bus warten. Ein netter Einstand, nach der mühseligen Bucherei und den horrenden Preisen. In jeder anderen Bleibe hätten wir zum Preis von einer Nacht hier fast zwei Wochen wohnen können. Natürlich war das Hotel, als wir es in dem klapprigen Schulbus endlich erreichten, schön und sauber, aber es fehlten die rechte Proportion zwischen Preis und Leistung. Auch unsere bisherigen Hotels waren vergleichbar sauber gewesen; abgesehen von den Kakakerlakenabsteigen; aber Ameisen passierten uns selbst in diesem Holzbungalow.

Auf Hamburger mit Pommes frites hatten wir die letzten Wochen über gut und gerne verzichten können und auch auf das überwältigende Sportangebot, das in diesem Hotel auf Tioman jeweils extra kostete, legten wir nach Begutachtung der Preisliste eigentlich keinen Wert mehr. Dafür war die Bedienung, das Personal an der Rezeption, überhaupt alle, für Malayen untypisch unfreundlich. Der Tourismus hatte seine tiefen Spuren hinterlassen. Selbst so einfache Dinge wie Coladosen kosteten in der Hotelanlage exakt das Fünffache dessen, was dafür im zwei Kilometer entfernten Dorfshop verlangt wurde. Und dieser Dorfshop verlangte schon das Doppelte dessen, was die Dose auf dem Festland gekostet hätte, weil der Bootstransfer noch dazukam. Trotzdem erschien den Touristen im Hotel der zweifach verdoppelte Preis noch als günstig und als Urlaubsoccasion, weil sie offenbar die wahren Preise in diesem Land nie erfahren hatten. Wir erkoren derart enttäuscht dieses Hotel einzig zu unserer nächtlichen Schlafstätte, mieden ansonsten aber die sehr gepflegte Anlage samt Pool, Reitstall, Golfklub, Sauna und Fitnessraum.

Unser Bungalow, der vier Apartments barg, lag in der dritten von vier möglichen Reihen, dafür bot er weder einen Blick auf das Meer noch auf die an und für sich traumhafte Kulisse des Inselrückens. Wir warfen unser Gepäck auf die Betten, öffneten es so weit, um an die Badesachen zu gelangen, und flugs eilten wir schon den Strand entlang, um auf diesem Weg dem turbulenten Treiben in der Hotelanlage zu entkommen. Tatsächlich erstreckte sich unmittelbar vor dem Hotel ein langer, aber zugleich schmaler Strand. Besonders bei Flut konnte man angesichts des hohen Wasserstandes die Liegen nur in dem angrenzenden Palmensaum aufstellen, sonst wäre man vermutlich davongetrieben. Bei Ebbe hatte man dementsprechend viel Sand, aber zu wenig Wasser zum Schwimmen. Ein abgestorbener Korallengürtel machte es auf die Breite von hunderten Metern zur Zeit der Ebbe unmöglich, vor dem Hotel schwimmen zu gehen, wozu auch? Hamburger und Fritten passten ohnedies besser zum großen Pool, da konnte man Ketchup nachbestellen, wenn es denn mal ausging.

Wir wanderten auf dem Strand südwärts, vielleicht dreihundert Meter. Dort endete die eigentliche Hotelanlage mit den Bungalows und der hoteleigene Golfplatz, über den vereinzelt Elektroautos surrten, reichte bis an den Strand. Dieser wurde hier auch merklich breiter, keine Touristen mehr am Strand, kein Pool und keine abgestorbene Korallenbank, die bei Ebbe das Schwimmen unmöglich machte. Am Ende dieses lang gezogenen Strandes, der insgesamt eine riesige Bucht darstellte, lagen einige gewaltige Findlinge im Wasser. Dieser verlassene Ort schien uns der ideale Badeplatz zu sein.

So war es denn auch. Selten verirrten sich Strandläufer oder gar Golfspieler hierher, das klare Wasser lud zum Baden ein und entlang der Küstenlinie war ein lebendiges Korallenriff gewachsen. Bunte Fische bevölkerten in Scharen das Meer und von Zeit zu Zeit ließ sich auf der Wiese hinter dem Strand ein Waran blicken, um seinen Blutkreislauf in der Sonne aufzuwärmen.

Zweiundzwanzigster Tag

Autos sucht man auf Tioman vergeblich, und doch gibt es Taxis. Wassertaxis. Diese fahren zu vorgegebenen Zeiten im Hauptort Tiomans, in Tekek, ab und umrunden dann die gesamte Insel. In jeder Bucht mit einer Ansiedlung halten sie und nehmen Passagiere auf oder liefern Waren aus. Am achtundzwanzigsten Tag unseres Malaysia-Aufenthaltes gönnten wir uns eine solche Inselrundfahrt. Das Wassertaxi, ein umgebautes Fischerboot, stampfte durch den leichten Wellengang und wir hatten die Möglichkeit, uns Bucht um Bucht anzusehen. Ein wunderschöner Ausflug, auch wenn der Seegang auf der Inselseite zum offenen Meer hin um einiges zulegte.

Am Abend desselben Tages speisten wir zum ersten Mal in einem kleinen Fischrestaurant in Tekek. Wir erreichten Tekek zu Fuß vom Hotel in knapp zwanzig Minuten über die schmale Asphaltstraße. Zwanzig Minuten, die sich angesichts der vorzüglichen Fischgerichte wahrlich lohnten. Aber wie heißt es so schön, wo viel Licht ist, da gibt es auch viel Schatten. Viel Schatten im wahrsten Sinne. Denn während wir direkt am Meer schmausend auf der Terrasse dieses Lokals saßen, ging die Sonne unter. Das wäre an sich noch nicht das Problem gewesen, aber wir hatten an diesem Tag ja noch eine Kleinigkeit zu erledigen, nämlich den Heimweg. Wer schon einmal in den Tropen einen Sonnenuntergang erlebt hat, der weiß auch, dass es uns nicht das Geringste gebracht hätte, bei den ersten Anzeichen des Untergangs aufzubrechen, denn in den Tropen ist die Sonne in wenigen Minuten versunken und tiefste Dunkelheit breitet sich sogleich aus. Außerdem wussten wir zu diesem Zeitpunkt ja noch nicht, dass „Straßenbeleuchtung“ auf Tioman ein absolutes

Fremdwort ist. Also saßen wir da auf dieser Terrasse, beobachteten unbekümmert den Sonnenuntergang und erfreuten uns an Krabben, Fischspeisen und frisch gepressten Fruchtsäften. Nach unserem ausgiebigen Mahl spazierten wir noch eine kleine Runde durch Tekek, dessen Wege und Straße aus den Gärten und Hüttenfluren von den Ständen am Straßenrand beleuchtet waren. Dann machten wir uns auf den Weg zurück in unsere Hotelanlage. So dachten wir jedenfalls. Unmittelbar an der Dorfgrenze von Tekek breitete sich zwischen uns und unserem Hotel die wohl finsterste Nacht aus, die man sich nur vorstellen kann. Durch diese Nacht führte das schmale Asphaltband, links davon der Dschungel, rechts davon ein schmales Band Dschungel oder stückweise gleich das Meer. Kein noch so kleiner Lichtstrahl erhellte uns den Weg, kein vertrautes Geräusch begleitete uns. Wir machten uns auf den Weg. Aus dem Dschungel links von uns zirpten die Waldinsekten, immer wieder vernahmen wir ein Rascheln, glaubten, aufblitzende Wildtieraugen zu sehen, oder befürchteten, dass sich Schlangen auf den von der Tagessonne erwärmten Asphalt gewagt hatten. Ein unheimlicher Spaziergang, wieder ein Rascheln, das Knacken von Ästen, warum hatten wir auch justament an diesem Tag unsere Taschenlampe nicht bei uns? Wir hatten beim Weggehen nicht daran gedacht, dass es auf dem Rückweg schon finster sein würde und auch nicht, dass diese Straße jeglicher Beleuchtung entbehrte. Nie mehr vergaßen wir fortan unsere Taschenlampe, wenn wir zu abendlicher Stunde auf einen kleinen Sprung nach Tekek gingen.

Dreiundzwanzigster Tag

Im Wesentlichen bietet Tioman zwei Wanderziele. Einmal nach Juara, auf die andere Seite der Insel und in den Süden der Insel, zu den zwei Wahrzeichen, den Kalkfingern. Natürlich konnten wir nicht anders, als beide Wanderungen zu versuchen. Juara besuchten wir gleich viermal und das, obwohl der Weg über unzählige Stufen zunächst sehr steil bergauf führt. Doch diese Wanderung war jedes Mal ein Erlebnis. Selten zuvor hatten wir die Wanderung durch den Dschungel so sehr genossen, selten gelang es uns, auf einem Weg so viel zu beobachten wie auf dem Weg über dem Bergrücken nach Juara. Der abwechslungsreiche Dschungel, bald undurchdringlich, bald beinahe, würde ich sagen, locker bepflanzt mit alten Baumriesen, bot uns einen Einblick in die Tier- und Pflanzenwelt, wie es selbst der urgewaltige Taman Negara nicht vermochte. Dazu kam die Gewissheit, sich am Ziel in Juara in die angenehmen Fluten des Meeres stürzen zu können und sich derart auf elegante Weise vom Schweiß befreien zu können. Auf halber Wegstrecke nach Juara befand sich das Dschungelrestaurant. Auf Sesseln und Tischen aus Bambusrohr konnte man inmitten des Dschungels lauwarme Getränkedosen leeren. Leider gelang es uns nicht, einheitliche Öffnungszeiten dieses Dschungelin-Treffs auszuforschen. Dreimal hatten wir Glück. Einmal mussten wir uns auf unsere mitgetragene Wasserflasche verlassen.

Oberhalb des Weges führt die Stromleitung nach Juara. Diese erfreut sich bei den Affen immer größer werdender Beliebtheit. Bei einer kleinen Rast am Ufer eines Baches entdeckten wir, wie andere Wanderer den Weg entlanggingen. In sicherer Entfernung von diesen Wanderern folgten auf dem Stromkabel gleich Artisten auf dem Hochseil die Affen dieser Wandergruppe. Hielten die Wanderer an, hielten auch die Affen an. Wir wissen nicht, ob dies ein Zufall war oder ob alle Wanderer auf diese Weise von den Affen observiert wurden. Sicher wussten wir nur, dass es offensichtlich mehrere Gruppen von Affen in diesem Dschungel gab. Während wir nämlich die Wanderer beobachteten, wie sie verfolgt durch den Dschungel zogen, waren wir selbst längst auch Opfer einer Observation geworden. Schlimmer noch, man versuchte, uns mit Wurfgeschossen von unserem Rastplatz zu vertreiben. Aus der hohen Baumkrone, zu dessen Fuß wir uns niedergelassen hatten, regnete es plötzlich Aststücke. Kleine, scheinbar gezielt geworfene Ästchen. Ein Blick nach oben und wir erspähten die Übeltäter. Eine Gruppe Affen hatte zwischenzeitig die Baumkrone bezogen und diese Gruppe schien über unseren Rastplatz aufgebracht, ja, empört zu sein. Stöckchen um Stöckchen raschelte durch das Laubwerk, bis wir schließlich aufbrachen und geschlagen das Feld räumten.

Am Ziel in Juara angekommen erwartete den erschöpften Wanderer aber nicht nur das erfrischende Bad, sondern auch eine delikate Erfrischung für den Gaumen. Pfannkuchen mit Ananas oder mit Zitronenstückchen. Unmittelbar am Wegende, direkt am Strand, bot eine Art Restaurant mit Hüttenvermietung, das einzige in Juara übrigens, diese leckeren Gaumenfreuden an. Diesen Pfannkuchen konnten wir nicht widerstehen, allein schon deretwegen lohnte der Weg. Für den Rückweg hingegen leisteten wir uns eines der Wassertaxis. Nach der Wanderung war dies die ideale entspannende Variante, um bis unmittelbar in das Hotel chauffiert zu werden.

Der andere Weg führte nach Süden, zuerst durch den Golfplatz, dann entlang einer weiteren schönen Bucht und über eine Felskuppe in ein südlich gelegenes Dorf. In diesem Dorf gabelte sich der Weg und stieg in Richtung des Inselrückens an. Auch auf diesen Weg wagten wir uns, doch vergebens. Statt des angekündigten Wasserfalls trafen wir auf ein verdörrtes Rinnsal voller Krebse, ehe wir den Weg gänzlich verloren. So mussten wir bald aufgeben und in das Hotel zurückkehren.

Wir blieben insgesamt sieben Tage auf Tioman, verbrachten diese mit Wandern und Baden, ehe wir mit durchwühlten Koffern unsere Reise nach Singapur fortsetzten.

Schlussbemerkung

Kein anderes Urlaubsland hat uns so sehr begeistert wie Malaysia. Kein anderes Land bot uns seitdem diese Ursprünglichkeit, bei zugleich derart gut entwickelter touristischer Infrastruktur. Wir können aus tiefster Überzeugung dieses Land all jenen empfehlen, die es wagen, ohne großartige Buchung in ein fernes Land aufzubrechen, die sich gerne aus Reiseführern Routen zusammenstellen und auf eigene Faust einen erlebnisreichen Urlaub begehen möchten.

Allen Liebhabern von Fisch und Meeresfrüchten sei dieses Land ebenso ans Herz gelegt, weil es speziell in den Küstenstädten fangfrisch eine erlesene Auswahl samt hervorragender Zubereitung bietet. Und allen Naturliebhabern sei dieses Land an das Herz gelegt, weil es Strände und Meeresbuchten bietet, wie man sie sich schöner nicht vorstellen kann, und weil sanft erschlossener, ursprünglicher Dschungel den Besucher empfängt. Halten Sie es auf allen Ihren Reisen aber stets mit dem Leitspruch der Taman-Negara-Verwaltung: Hinterlasse nichts als deine Fußspuren, nimm dir nichts mit als Bilder. Nur so kann der nächste dieses Land auch so eindrucksvoll erleben wie du selbst.